Prólogo

El método intensivo *ECO* cubre las necesidades de estudiantes principiantes que precisan un aprendizaje de los fundamentos del español de manera rápida y concentrada. Para ello se les ofrece un manual con objetivos y actividades claramente definidos y progresivos para construir un saber hacer lingüístico y comunicativo con el que interactuar en un contexto hispanohablante.

Se propone una progresión dinámica en forma de espiral: observación y comprensión, aprendizaje y recapitulación. Es un método sencillo y claro, a través del cual el estudiante percibe en cada momento que está aprendiendo y, sobre todo, se da cuenta de los logros realizados.

Enfoque y contenidos

Introducción a la unidad

Cada unidad arranca con un documento que permite centrar al estudiante sobre los elementos clave del diálogo, que serán estudiados con detenimiento a lo largo de la unidad.

Comprensión y práctica

ECO hace hincapié en el desarrollo de las destrezas de la comprensión, puesto que el proceso de comprensión auditiva es imprescindible para la comunicación: no se puede interactuar si no se ha comprendido. Para entender hay que escuchar, descifrar e interpretar el mensaje.

En las unidades 1 a 8 se trabaja el estudio de la pronunciación y de la entonación en una sección específica ya que se considera este como la base de la expresión y la comprensión oral, sin la cual la comunicación no puede darse. Los ejercicios de pronunciación son, ante todo, ejercicios para formar el oído.

En las unidades 9 a 16 para desarrollar la destreza de la comprensión auditiva y entrenar al estudiante en contextos de uso reales de la lengua, se amplía la sección con un apartado, A LA ESCUCHA, en el que se presentan pequeñas audiciones auténticas y cotidianas (en unos grandes almacenes, en la estación etc.) y se proponen unas actividades de comprensión.

Léxico

El estudiante necesita memorizar léxico para facilitarle la expresión oral y escrita.

Gramática

ECO propone una presentación explícita y didáctica de las reglas de la gramática en cuadros claros y precisos, y una serie de ejercicios de sistematización y actividades controladas para garantizar un conocimiento práctico de la misma.

Expresión oral

Se presentan unas actividades que van encaminadas a que el estudiante reutilice de forma creativa, pero controlada y dirigida, sus conocimientos y habilidades recién desarrolladas.

Mundo hispano

Se potencia un aprendizaje pluricultural y el descubrimiento de la dimensión sociocultural del español de España y de América Latina mediante actividades y documentos motivadores.

Síntesis

A partir de una imagen clara o un documento impreso auténtico, se proponen actividades recapitulativas. Esta síntesis es la materialización del principio funcional del trabajo por secuencias o etapas.

Taller de Internet

Las actividades que propone el manual mediante los talleres de Internet son una ventana abierta e inmediata sobre la realidad hispánica y una concreción de lo aprendido en cada unidad.

Ya conoces

Al final de cada unidad hay una página con cuadros-resumen.

El Cuaderno de Refuerzo

El Cuaderno de refuerzo es una amplia recopilación de ejercicios prácticos como entrenamiento y práctica para un trabajo en clase o en autonomía.

ECO es, en definitiva, un libro motivador para el estudiante, porque le permite ir rápidamente a lo esencial y tomar conciencia paso a paso de los progresos realizados.

Índice

| | | Competencia pragmática y sociocultural | |
Léxico	Gramática	Expresión oral	Mundo hispano
Nombres y nacionalidades.	• Verbos en presente: *SER* y *LLAMARSE*. • Género de los gentilicios.	Conocer a otras personas y presentarse.	• Nombres y apellidos de personajes hispanos. • Países y capitales.
La comida.	• El género del nombre. • El número del nombre y los artículos.	Preguntar por una comida y comprar.	• El desayuno en España. • Platos de la gastronomía hispana.
Números y direcciones.	• Presente de verbos regulares. Uso de *TÚ, USTED, VOS*. • Presente de verbos irregulares.	Dar datos personales e indicar una dirección.	• Establecimientos públicos.
Las profesiones.	• Contracciones *AL* y *DEL*. Presente de verbos irregulares. • Pronombres personales. Verbos reflexivos en Presente.	Presentar y hablar de la profesión.	• El trabajo en España y América Latina.
Números, horas y fechas.	• Presente de verbos irregulares. Presente de *ESTAR* + gerundio. • Los posesivos.	Hablar de horas, horarios y hábitos cotidianos.	• Fiestas populares de España.
La casa y adjetivos de descripción.	• *HAY, ESTÁ(N)*. Los demostrativos. *AQUÍ, AHÍ, ALLÍ*. • El verbo *GUSTAR. TAMBIÉN, TAMPOCO*.	Describir la casa y a las personas.	• La población étnica de América Latina.
Números, momentos de la vida y partes del cuerpo.	• El Pretérito Indefinido. • El verbo *DOLER*. Frases exclamativas.	Narrar la vida y hablar con el médico.	• Premios Nobel de Literatura en español.
Las estaciones del año, el tiempo y actividades.	• *IR A* + infinitivo. *TENER QUE* + infinitivo. *MUY, MUCHO*. • El Imperativo.	Hablar de planes y proponer actividades.	• El Camino de Santiago.

Índice

•*En el aeropuerto*

•*En la ciudad*

•*En la escuela*

📼 1. Escucha y relaciona.

1. *C*
GERMÁN: ¡Hola, Alberto! ¿Cómo estás?
ALBERTO: Muy bien, ¿y tú?
CLARA: Hola, ¿qué tal?
ALBERTO: Hola, Clara.

2. *B*
MIGUEL: Yo me llamo Miguel Sánchez.
CELIA: Encantada.
MIGUEL: Bienvenida a Madrid.

3. *A*
CELIA: Buenas tardes.
Yo soy Celia Vázquez.
MIGUEL: ¿Es usted la señora Vázquez?
Encantado.

4. *D*
MIGUEL: Buenas noches, hasta mañana.
CELIA: Adiós, y gracias.

5. *E*
CLARA: Adiós, Alberto, hasta mañana.
ALBERTO: Hasta mañana.
GERMÁN: Hasta luego.

6. *F*
CELIA: Hola. Yo soy Celia.
¿Y tú cómo te llamas?
CLARA: Hola, yo me llamo Clara.
CELIA: ¿De dónde eres?
CLARA: De aquí, de Madrid. ¿Y tú?
CELIA: Yo soy de Quito, Ecuador.

7. *G*
RECEPCIONISTA: Buenos días,
¿cómo se llama?
ALBERTO: Alberto Benito.
RECEPCIONISTA: ¿"Benito" es nombre o
apellido?
ALBERTO: Es el apellido.
RECEPCIONISTA: ¿De dónde es usted?
ALBERTO: Soy argentino.

1. ¿Qué oyes?

1.   ◖   ¿De dónde eres?

      ◖   ¿De dónde es?

2.   ◖   ¿Cómo estás?

      ◖   ¿Cómo está?

3.   ◖   Yo soy de aquí.

      ◖   No soy de aquí.

4.   ◖   ¿Cómo te llamas?

      ◖   ¿Cómo se llama?

2. Di si es verdadero (V) o falso (F).

- _V_ "Benito" es el nombre.
- _V_ Clara es de Madrid.
- _F_ "Alberto" es apellido.
- _F_ Celia es española.
- _V_ Celia es de Ecuador.
- _V_ Alberto es argentino.

3. Relaciona las preguntas y las respuestas.

_2_ a. ¿De dónde eres?

_3_ b. ¿Cómo te llamas?

_4_ c. ¿"Alonso" es nombre?

_1_ d. ¿Cómo estás?

_5_ e. ¿Es usted la señora Vázquez?

1. Muy bien, ¿y tú?
2. De Perú.
3. Me llamo Fátima.
4. No, es el apellido.
5. Sí, soy yo.

4. Completa el cuadro con las expresiones de saludo y despedida de los diálogos.

Formal	Informal
-Buenas tardes.	-Hola.
Buenas noches	....
Buenos día	-Hasta luego.
	....

5. Clasifica estas expresiones.

-¿De dónde eres?   –¿Cómo se llama?

-¿De dónde es usted? –(Yo) me llamo...

-(Yo) soy de...   –¿"Benito" es nombre o apellido?

-(Yo) soy...   –¿Cómo te llamas?

- -

Preguntar por el nombre: _¿Cómo_

Decir el nombre: ....

Preguntar la nacionalidad: _De dónde eres_

Decir la nacionalidad: _(Yo) soy de_ ....

6. Y tú, ¿cómo te llamas? ¿De dónde eres?

Me llamo...
Soy de...

1. Escucha y repite el nombre de las letras.

A, a	a	M, m	eme
B, b	be	N, n	ene
C, c	ce	Ñ, ñ	eñe
Ch, ch	che	O, o	o
D, d	de	P, p	pe
E, e	e	Q, q	cu
F, f	efe	R, r	erre, ere
G, g	ge	S, s	ese
H, h	hache	T, t	te
I, i	i	U, u	u
J, j	jota	V, v	uve
K, k	ka	W, w	uve doble
L, l	ele	X, x	equis
Ll, ll	elle	Y, y	i griega
		Z, z	zeta

2. ¿Qué sonidos no están en tu abecedario?

3. ¿Qué letras oyes?

- j
- g
- ll
- c
- s
- l

- n
- ñ
- v
- ch
- r
- h

4. Deletrea el nombre de estas personas.

Alberto

Clara

Celia

Germán

Miguel

5. Deletrea tu nombre.

6. Deletrea estas siglas.

acronom

TGV   1. AVE

VAT   2. IVA   impuesto al valor

3. P.V.P.   recommended price for product

Red nacional de ferrocassiles

4. Renfe   españoles

5. DNI   1D

6. ONCE   organisation nationaf por ciegos españoles

7. Observa.

"Benito", "Valdés"

"Hola", "Honduras"

B y *V* se pronuncian igual: [b].

La *H* no se pronuncia.

1a. Lee y deletrea los nombres y apellidos.

Apellidos

Don (Roberto) (Ruiz Herrera)

Nombre

Constitución 2378
1428
Argent...

Don Juan Codorníu Jiménez
C/ Simón Bolívar, 47
...acas

Doña Marta Muñoz Romero
Pº de San Antonio...
2-8...

Don	**Sr.**
Don Roberto Ruiz Herrera	= Señor Ruiz Herrera
Doña	**Sra.**
Doña Marta Muñoz Romero	= Señora Muñoz Romero

Doña Charo Parra Oviedo
Carrera, 45 nº 48-50
Medellín
C...

Doña María Teresa Sánchez García
Calle de García de Paredes, 47
28010 Madrid
España

Nombres y apellidos. En español las personas tienen dos apellidos: el primero es el del padre, y el segundo, el de la madre.

1b. Clasifica los nombres y apellidos.

Nombre	Primer apellido	Segundo apellido
....	....	....
....	....	....
....	....	....
....	....	....
....	....	....
....	....	....

2a. Relaciona.

Holanda   francés
Francia   japonés
Suecia   holandés
Japón   sueco
México   estadounidense
Estados Unidos   mexicano
Panamá   nicaragüense
Colombia   italiano
Nicaragua   panameño
Italia   venezolano
Venezuela   colombiano
Brasil   brasileño

2b. Habla con tus compañeros. ¿De dónde son?

Yo soy de...

¿De dónde eres?

Y yo...

1a. Observa.

		Ser	Llamarse
1	Yo	soy	me llamo
2	Tú *you formal*	eres	te llamas
3	Él, ella, usted	es	se llama
4	Nosotros, nosotras	somos	nos llamamos
5	Vosotros, vosotras	sois	os llamáis
6	Ellos, ellas, ustedes	son	se llaman

you plural formal

1b. José presenta a sus estudiantes. Completa las frases.

Buenos días. (1)
Buongiorno. (2)
Good morning. (3)
Bonjour. (4)
Bonjour.
Bom dia. (5)
Konnichiwa.
Guten Tag. (7)
Guten Tag. (6)

1. Ella es María y es de Nicaragua.
2. ......**Él**........ es Paolo y es ..**italiano**...
3. Él ...**es**...... Peter y es estadounidense.
4. Ellos ..**son**... Monique y Paul y ..**son**... de ....**Francia**............
5. Ella ..**es**.... Regina y ...**es**..... brasileña.
6. ...**Ella**.... es Tomoko ..**e**............
7. Ellos ...**son**... Kurt y Petra y .....**son**...... Alemania.

1c. Completa con los verbos *SER* y *LLAMARSE*.

1. ¿De dónde ..**eres**..? Soy de Barcelona.
2. ¿Cómo ....**se llama**....... usted? Me llamo Juan Gómez.
3. Nosotros ..**somos**.. de Argentina, ¿y tú?
4. – ¿..**Es**.. usted Carmen Herrero?
   • No, ...**soy**.......... Laura Herrero.
5. – Hola, ¿cómo ...**os llamáis**...?
   • Nos llamamos Marta y Cristina.
6. – ¿..**Sois**... italianas?
   • No, somos griegas. ✓

1d. Pon las frases en plural.

1. Soy de aquí. **Somos de aquí.**
2. ¿Cómo te llamas? **¿Cómo os llamáis?**
3. ¿De dónde eres? **¿De dónde sois?**
4. Ella es cubana. **Ellas son cubanas**
5. ¿Cómo se llama y de dónde es usted?
   ¿Cómo se llaman y de dónde son ustedes?
6. Y tú, ¿de dónde eres? **Y vosotros, ¿de dónde sois?**

1e. Completa el diálogo con las palabras del recuadro.

> yo – encantada – se llama – soy – os llamáis

- Buenos días. ¿Cómo ...**se llama**...?
• ....**Yo**........ soy Mónica.
○ Y yo, Alberto.
- Yo .....**soy**..... el profesor de español.
• ¿Y cómo ...**os llamáis**.....?
- Luis González.
• **Encantada**

👁 **2a. Observa**

Masculino	Femenino	Ejemplo
–o	–a	*ruso/rusa*
–consonante	+ –a	*español/española*
–e	–e	*nicaragüense*
–í	–í	*marroquí*

🖊 **2b. Escribe el femenino.**

a. Francés ....

b. Japonés ....

c. Holandés ....

d. Sueco ....

e. Estadounidense ....

f. Mexicano ....

g. Nicaragüense ....

h. Italiano ....

i. Griego ....

j. Venezolano ....

k. Paquistaní ....

l. Brasileño ....

🖊 **2c. Escribe el masculino.**

a. Suiza ....

b. Marroquí ....

c. Turca ....

d. Finlandesa ....

e. Canadiense ....

f. Belga ....

g. Irlandesa ....

h. Austriaca ....

i. Polaca ....

j. Danesa ....

k. Iraní ....

l. Peruana ....

🖊 **2d. Clasifica las palabras del cuadro.**

francés – italiana – uruguayo – costarricense
hondureña – chileno – panameño
alemana – egipcio – israelí – colombiano
canadiense – turca – ecuatoriana

Masculinas	Femeninas	Masculinas y femeninas
		canadiense
....	....	....
....	....	....
....	....	....
....	....	....
....	....	....
....	....	....

🖊 **2e. Completa el cuadro.**

Masculino / femenino	Adjetivo
–és / –esa	francés/francesa
–aco / –aca	....
–ano / –ana	....
–eño / –eña	....
–ense	....
–í	

Conocer a otras personas y presentarse

1a. Mira los dibujos. Saluda o despídete de manera formal o informal.

Buenos días	= de 7 h a 14 h	(la mañana)
Buenas tardes	= de 14 h a 21 h	(la tarde)
Buenas noches	= de 21 h a 7 h	(la noche)

2a. Habla con tu compañero. Pregúntale cómo se llama y de dónde es, como en el modelo.

Hola, ¿qué tal?

Muy bien, ¿y tú?

¿Cómo te llamas?

Yo soy Sonia.

¿Y el apellido?

Silva. Me llamo Sonia Silva. ¿Y tú?

Yo me llamo Juan. ¿Y de dónde eres?

Soy de Río de Janeiro.

Yo también soy brasileño.

1b. Despídete como un español.

Adiós...

Adiós, buenas tardes...

En situaciones formales, los españoles se dan la <u>mano</u>.

En situaciones informales, a los hombres se les da la mano y a las mujeres, dos besos.

2b. Ahora pregúntaselo a los demás compañeros de la clase y anota los nombres en la ficha.

Nombre	Apellido	País / ciudad
....	....	....
....	....	....
....	....	....
....	....	....
....	....	....

1. Relaciona el nombre, apellido y nacionalidad de estos personajes famosos.

A Penélope Cruz

B Carlos Fuentes

Fernando	Cruz	española A
Isabel	Martin	argentino G
Penélope	Botero	guatemalteca H
Carlos	Herrera	venezolana C
Ricky	Menchú	colombiano
Diego A.	Allende	mexicano B
Rigoberta	Fuentes	puertorriqueño F
Carolina	Maradona	chilena E

H Rigoberta Menchú

G Diego Maradona

 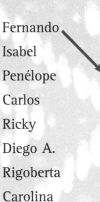

C Carolina Herrera
D Fernando Botero
E Isabel Allende
F Ricky Martin

2. Relaciona las fotos con los países y sus capitales.

Argentina	México D.F.
España	Madrid
Venezuela	Buenos Aires
Perú	Lima
México	Caracas

3. Sitúa en el mapa todos los países vistos en el apartado "Mundo hispano" en los que se habla español.

👁 **1. Mira la ilustración.**

🖊 **a. Haz una lista de los nombres y otra de los apellidos.**

🖊 **b. Escribe la nacionalidad de cada personaje.**

🖊 **c. Completa los diálogos y relaciónalos con los personajes de la ilustración.**

Diálogo 1

Buenos días.

Hola, ...

¿De dónde es usted?

.... de España.

¿ .... ?

Yo soy de Perú.

Diálogo 2

Buenos días, ...
Sandro Moretto, de Italia.

¡Ah! .... Yo soy John
Brown, de Gran Bretaña.

Diálogo 3

Hola, buenos días.

....

¿Es usted de Portugal?

No, soy de Brasil.

¿De Brasil? .... argentino.

🖊 **d. Inventa otros diálogos.**

🖱 ## Taller de Internet

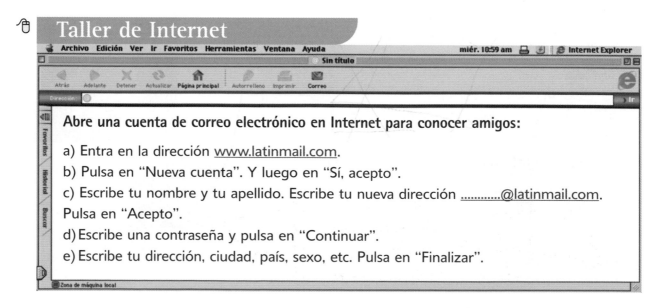

Abre una cuenta de correo electrónico en Internet para conocer amigos:

a) Entra en la dirección www.latinmail.com.

b) Pulsa en "Nueva cuenta". Y luego en "Sí, acepto".

c) Escribe tu nombre y tu apellido. Escribe tu nueva dirección ....@latinmail.com.
Pulsa en "Acepto".

d) Escribe una contraseña y pulsa en "Continuar".

e) Escribe tu dirección, ciudad, país, sexo, etc. Pulsa en "Finalizar".

1a. Las expresiones para saludar y despedirte:

Formal	Informal	Formal	Informal
Buenos días.	*¡Hola!*	*Adiós, hasta mañana.*	*¡Adiós!*
Buenos tardes.	*¡Hola! ¿Cómo estás?*	*Buenas noches.*	*¡Hasta luego!*
Buenas noches.	*Hola, ¿qué tal?*		*Hasta mañana.*

1b. Y para preguntar e informar sobre el nombre y la nacionalidad:

Preguntar	Responder	Preguntar	Responder
¿"Benito" es nombre o apellido?	*Es...*	*¿De dónde eres?*	*(Yo) soy +* nacionalidad
¿Cómo te llamas?	*(Yo) soy +* nombre	*¿De dónde es usted?*	*(Yo) soy de +* país
	(Yo) me llamo + nombre		

2. Las palabras: el nombre, el apellido, la nacionalidad, etc.

3a. Los verbos *SER* y *LLAMARSE* en presente:

	Ser	Llamarse
Yo	*soy*	*me llamo*
Tú	*eres*	*te llamas*
Él, ella, usted	*es*	*se llama*
Nosotros, nosotras	*somos*	*nos llamamos*
Vosotros, vosotras	*sois*	*os llamáis*
Ellos, ellas, ustedes	*son*	*se llaman*

3b. El género de los gentilicios:

Masculino	Femenino	Ejemplo
–o	–a	*ruso/rusa*
–consonante	+ –a	*español/española*
–e	–e	*nicaragüense*
–í	–í	*marroquí*

3c. Los interrogativos:

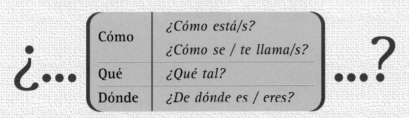

¿...		...?
Cómo	*¿Cómo está/s?*	
	¿Cómo se / te llama/s?	
Qué	*¿Qué tal?*	
Dónde	*¿De dónde es / eres?*	

1. Lee, escucha y completa las palabras que faltan en cada viñeta.

¿perdón? – buenos días – por favor – lo siento – muchas gracias – sí

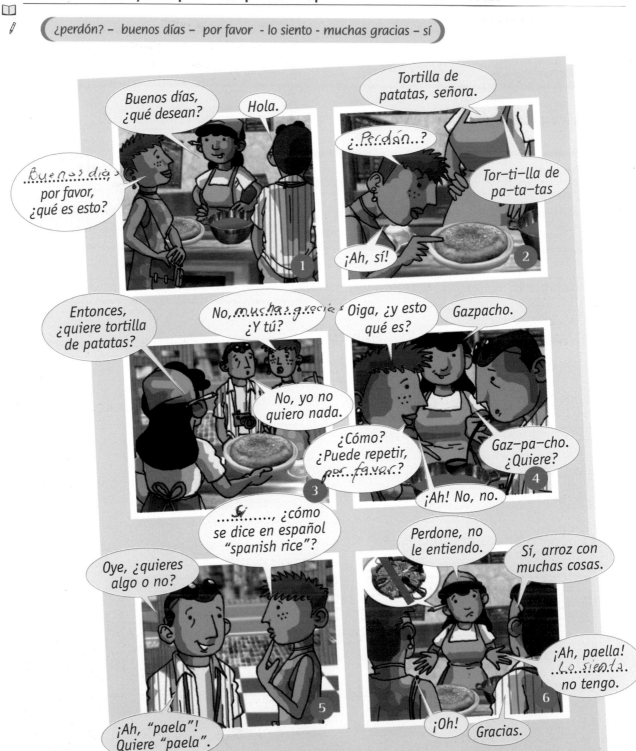

📻 1. ¿Qué oyes?

1. ⬤ No te entiendo.
   ⬤ No le entiendo.

2. ⬤ ¿Puedes repetir?
   ⬤ ¿Puede repetir?

3. ⬤ Quieres paella.
   ⬤ Quiere paella.

4. ⬤ ¿Quieres algo o no?
   ⬤ ¿Quiere algo o no?

✐ 2. Completa los diálogos.

1. – ¿Puede repetir,
     ...*por favor*...? · *Perdón*
   – Gazpacho. · *Por favor*
   – ...*perdón*...,
     no le entiendo.
   – ¡Gaz-pa-cho!

2. – ...*Oye*..., ¿quieres · *Oye*
     algo? · *Gracias*
   – No, ...*gracias*... .

3. – ¿Qué es esto? · *Ah*
   – Esto es paella. · *Muchas*
   – ...*¿Perdón?*... · *gracias*
   – Paella. · *¿Perdón?*
   – ¡...*Ah*..., paella!
     Muchas gracias

4. – ...*Oiga*..., ¿y esto · *¿Cómo?*
     qué es? · *Oiga*
   – Tortilla de patatas.
   – ...*¿cómo?*... .

✐ 3. Clasifica las expresiones siguientes.

¿Qué desean?
¿Quiere tortilla de patatas?
¿Y tú quieres tortilla de patatas?
¿Puede repetir, por favor?
¿Quieres algo o no?
No le entiendo.

Expresiones formales (USTED)	Expresiones informales (TÚ)
¿Qué desean?	*¿Quieres algo o no?*

✐ 4. Relaciona los diálogos con los dibujos.

1 ¿Tiene tortilla de patatas? · No, lo siento.

2 ¿Qué es eso? · Una tableta. · ¿Cómo? · Chocolate. · ¡Ah! Chocolate.

3 ¿Quieres café? · ¿Café? Sí, gracias.

A B C

1. Escucha y repite la pronunciación de las palabras siguientes.

> El acento tónico aparece en sílabas diferentes según las palabras.
>
> hola   usted   apellido   Ecuador   México

	●●	
1. Usted		2. Madrid
	●●	
3. Nombre		4. Hola
	●●●	
5. Ecuador		6. Paraguay
	●●●	
7. Alberto		8. Mañana
	●●●	
9. Fátima		10. México

2. Escucha y repite estas palabras despacio y subraya el lugar del acento tónico.

1. Tor-ti-lla	7. Gaz-pa-cho
2. A-rroz	8. Le-che
3. A-gua	9. Cho-co-la-te
4. Pa-ta-ta	10. Pa-e-lla
5. Ca-fé	11. A-cei-te
6. Zu-mo	12. Na-ran-ja

> Si la palabra lleva acento escrito, esa es la sílaba del acento tónico.
>
> Perú   día   México

3. ¿Qué oyes?

1. ◯ Llamo
   ◯ Llamó

2. ◯ Estas
   ◯ Estás

3. ◯ Nombre
   ◯ Nombré

4. ◯ Llamé
   ◯ Llame

5. ◯ Apellido
   ◯ Apellidó

6. ◯ Quito
   ◯ Quitó

4. Escucha los diálogos y marca el icono que corresponde. Después, escribe la palabra.

....

....

lavabos
....

....

....

....

La comida

ion (f)
ex el avión } (m)   on } (f)
   el camión   tion

1. Mira esta ilustración y escribe el nombre.

café solo   chocolate   té   zumo de naranja
cruasán   tostadas   pan con aceite   bollos

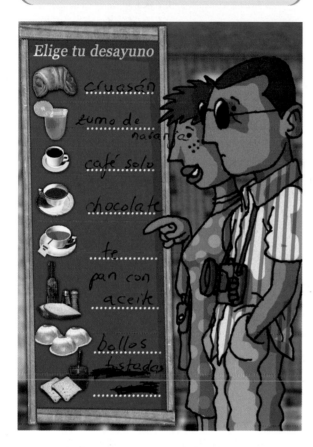

Elige tu desayuno

cruasán

zumo de naranja

café solo

chocolate

té

pan con aceite

bollos

tostadas

2. Escribe tu propio desayuno.

Por favor, quiero...

Gracias.

3. Escribe el nombre de estas comidas y bebidas. Después completa el diálogo entre un vendedor y tú.

a. la naranja

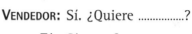

pescado   naranja   pan
tomate   carne   chocolate
queso   manzana   leche

VENDEDOR: Buenos días.

Tú: ....

VENDEDOR: ¿Qué desea?

b. pan

Tú: ¿Tiene ....?

VENDEDOR: No, no tengo.

Tú: ¿Y ....?

c. tomate

VENDEDOR: Sí. ¿Quiere ....?

Tú: Sí, por favor.

También quiero

....

d. el pescado

VENDEDOR: No tengo, lo siento.

Tú: Entonces quiero

....

VENDEDOR: Muy bien.

e. la carne

Tú: ¿Tiene ....?

VENDEDOR: ¿Perdone?

Tú: ....

VENDEDOR: ¡Ah, sí!

f. el chocolate

Tú: También quiero

.... y ....

VENDEDOR: Estupendo.

Tú: Además quiero

....

g. queso

VENDEDOR: No, ... no

tengo.

h. la manzana

Tú: Entonces ....

VENDEDOR: ¿Algo más?

Tú: Y ....

VENDEDOR: Aquí tiene.

i. leche

Tú: Gracias.

👁 **1a.** **Observa.**

> Los nombres masculinos de personas y animales acaban a menudo en –o y los femeninos en –a.
>
> | Masculino | Femenino |
> |-----------|----------|
> | alumno | alumna |
> | niño | niña |
> | gato | gata |
>
> Muchos nombres masculinos de personas y animales acaban en consonante y el femenino añade una –a.
>
> | Masculino | Femenino |
> |-----------|----------|
> | profesor | profesora |
> | señor | señora |
>
> Hay otros nombres que tienen palabras distintas para masculino y para femenino.
>
> | Masculino | Femenino |
> |-----------|----------|
> | hombre | mujer |
> | padre | madre |
> | toro | vaca |

> Los nombres de cosas no siguen ninguna norma.
>
> | Masculino | Femenino |
> |-----------|----------|
> | teléfono | tortilla |
> | día | mano |
> | café | noche |
> | arroz | información |

✎ **1b.** **Cambia a femenino.**

a. Alumno ...... *alumna*

b. Hombre ...... *mujer*

c. Profesor ...... *profesora*

d. Niño ...... *niña*

e. Señor ...... *señora*

f. Compañero ...... *compañera*

g. Amigo ...... *amigo*

h. Chico ...... *chica*

✎ **1c.** **Cambia a masculino.**

a. Directora ...... *Director*

b. Madre ...... *Padre*

c. Gata ...... *Gato*

d. Vendedora ...... *Vendedor*

e. Loba ...... *Lobo*

f. Maestra ...... *Maestro*

g. Abuela ...... *Abuelo*

h. Vaca ...... *Toro*

✎ **1d.** **Relaciona.**

Masculinos	Femeninos
a. Papá *3*	1. Esposa
b. León *5*	2. Muchacha
c. Esposo *1*	3. Mamá
d. Muchacho *2*	4. Doctora
e. Doctor *4*	5. Leona

✎ **1e.** **Clasifica los nombres subrayados.**

1. Quiero aceite y pan, por favor.
2. Carlos es profesor y su esposa es doctora.
3. No tengo ordenador ni impresora.
4. Tiene chocolate y leche.
5. ¿Quiere tortilla de patatas?
6. Esto es carne con tomate.
7. Teléfono es una palabra internacional.

Masculinos	Femeninos
aceite	*doctora*
pan	*impresora*
profesor	*leche*
ordenador	*tortilla*
chocolate	*patatas*
teléfono *carne*	*palabra*
tomate	*carne*

El número del nombre y los artículos

2a. Observa.

Artículo determinado		
	Masculino	Femenino
Singular	el	la
Plural	los	las

Artículo indeterminado		
	Masculino	Femenino
Singular	un	una
Plural	unos	unas

2b. Pon el artículo determinado.

a. *la* palabra   g. *la* carne

b. *los* nombres   h. *el* pescado

c. *los* apellidos   i. *los* chocolates

d. *la* información   j. *el* lavabo

e. *las* naranjas   k. *las* noches

f. *los* teléfonos   l. *la* tarde

2c. Pon el artículo indeterminado.

a. *un* país   g. *unos* toros

b. *unas* ciudades   h. *un* verbo

c. *un* saludo   i. *un* idioma

d. *una* despedida   j. *una* ficha

e. *unas* letras   k. *unas* compañeras

f. *un* argentino   l. *unos* profesoras

2d. Marca el artículo correcto.

1. El / *los* alumnos son buenos estudiantes. *the*

2. ¿Quieres *un* / unos café?

3. El / *la* paella tiene un limón.

4. Necesito un / *una* información.

5. ¿Es usted el / *la* abuela de Juan?

6. Susana trabaja por el / *la* noche.

7. Unos / *unas* naranjas, por favor.

8. ¿Son ustedes *los* / las señores Martínez?

2e. Pon las siguientes frases en femenino.

1. Quiero hablar con el director. *la directora*

2. Es mi padre. *madre*

3. Quiero un gato. *una gata*

4. Ellos no son los vendedores. *las vendedoras*

5. ¡Es un niño! *una niña*

6. Buenos días, señor, ¿qué desea? *señora*

3a. Observa.

Singular: acabado en vocal.	Plural: +s
amigo	amigos
fiesta	fiestas
café	cafés
Singular: acabado en consonante o en **í**.	Plural: +es
información	informaciones
jamón	jamones
marroquí	marroquíes

Observaciones:

Los nombres acabados en **–z** hacen el plural en **–ces**:
el arroz – los arro**ces**

Muchos nombres acabados en **–s** no cambian:
el lunes – los lunes

3b. Cambia al plural.

a. El tomate — *los tomates*

b. Una paella — *unas paellas*

c. Un pescado — *unos pescados (death fish)*

d. Una playa — *unas playas*

e. Un televisor — *unos televisores*

f. El autobús — *los autobúes*

g. Un bar — *unos bares*

h. La noche — *las noches*

3c. Pon las siguientes frases en plural.

1. El cliente quiere naranja. *Los clientes quieren naran...*

2. ¿Es usted español? *¿Estáis ustedes españoles?* *son* *sas*

3. Es una estudiante alemana. *Están unas estudiantes* *son* *alemanas*

4. Es un amigo israelí. *Están unos amigos israelíenis* *son*

5. La profesora no es inglesa. *Las profesoras no están* *son* *inglesas*

1. Pregunta a tu compañero o al profesor qué son estas cosas.

Informal	Formal
¿Cómo se dice ...... en español?	
¿Qué es esto?	
¿Puedes repetir, por favor?	¿Puede repetir, por favor?
No te entiendo	No le entiendo
¿Perdón?	
¿Cómo?	

a.

b.

c.

d.

e.

f.

g.

h.

i.

j.

k.

l.

m.

n.

2a. Habla con tu compañero. Uno es el vendedor y otro el cliente. Pide una cosa distinta cada vez (café, aceite, pan, huevos...).

Buenas tardes, ¿qué desea?

....

¿Perdón? No le entiendo.

....

¡Ah,......................!

Sí, muchas gracias.

2b. Quieres una cosa y no conoces el nombre en español. Pregunta al compañero o al profesor.

¿Cómo se dice [imagen] en español?

¿Cómo se escribe [imagen] ?

Quiero un [imagen] .
¿Cómo se dice en español?

¿Cómo se dice en español [imagen] ?

¿Cómo se dice b. en español?

¿Qué es a.?

café.

Leche.

¿Puede repetir, por favor?

Gracias.

ca-fé.

👁 **1a.** Este es un desayuno típico en España. Escribe las palabras.

tostadas

mermelada

mantequilla

zumo de naranja

cafe con leche

1b. ¿Es igual en tu país? ¿Cuál es el desayuno típico?

....

....

💬 **1c.** Compara los resultados con tus compañeros.

2a. Aquí tienes unos platos típicos de la gastronomía hispana. ¿Cuáles conoces? Escribe el nombre.

1. arepa
2. chilles
3. chocolate
4. churrasco
5. gazpacho
6. paella
7. tacos
8. tortilla de patatas

| tacos churrasco tortilla de patatas paella chocolate gazpacho arepa chiles |

📼 **2b.** ¿Cómo se pronuncian estas palabras? Escucha y marca el acento tónico.

1. Mira la ilustración.

a. Describe la escena (¿Dónde están? ¿Qué hacen?).

b. Imagina una frase para cada persona.

c. Elige a uno de los personajes e imagina el diálogo.

Taller de Internet

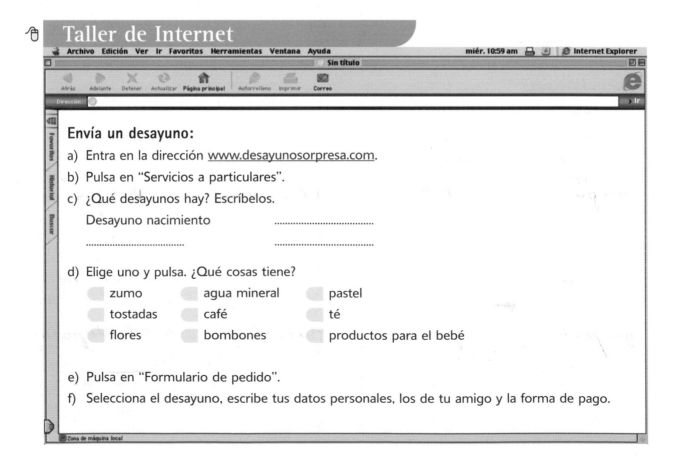

Envía un desayuno:

a) Entra en la dirección www.desayunosorpresa.com.

b) Pulsa en "Servicios a particulares".

c) ¿Qué desayunos hay? Escríbelos.

   Desayuno nacimiento   ....

   ....

d) Elige uno y pulsa. ¿Qué cosas tiene?

zumo	agua mineral	pastel
tostadas	café	té
flores	bombones	productos para el bebé

e) Pulsa en "Formulario de pedido".

f) Selecciona el desayuno, escribe tus datos personales, los de tu amigo y la forma de pago.

1. Las expresiones para manejarse en una tienda:

Oye / Oiga.	Muchas gracias. Gracias.	Perdón. Perdone. Perdona.	Lo siento. Por favor.	¿Cómo? ¿Perdón? No le / te entiendo. ¿Puede / Puedes repetir?

Formal	Informal
¿Qué desea(n)?	¿Qué quieres?
¿Puede repetir, por favor?	¿Puedes repetir, por favor?
¿Quiere tortilla de patatas?	¿Quieres tortilla de patatas?
No le entiendo.	No te entiendo.
Perdone.	Perdona.

2. Las comidas y bebidas:

el aceite, el agua, el arroz, el azúcar, los bollos, el café con leche, el café solo, la carne, el cortado, el cruasán, el chocolate, la ensaimada, el gazpacho, la leche, la magdalena, la manzana, la naranja, la paella, el pan, la patata, el pescado, el plátano, el queso, la sal, el té, el tomate, la tortilla, la tostada con mantequilla y mermelada, la uva, el zumo de naranja...

3a. La forma para conocer el género de las palabras:

Los nombres masculinos de personas y animales acaban a menudo en –o y los femeninos en –a.

Masculino	Femenino
alumno	alumna
niño	niña
gato	gata

Muchos nombres masculinos de personas y animales acaban en consonante y el femenino añade una –a.

Masculino	Femenino
profesor	profesora
señor	señora

Hay otros nombres que tienen palabras distintas para masculino y para femenino.

Masculino	Femenino
hombre	mujer
padre	madre
toro	vaca

Los nombres de cosas no siguen ninguna norma.

Masculino	Femenino
teléfono	tortilla
día	mano
café	noche
arroz	información

3b. Y los artículos:

Artículo determinado		
	Masculino	Femenino
Singular	el	la
Plural	los	las

Artículo indeterminado		
	Masculino	Femenino
Singular	un	una
Plural	unos	unas

3c. El número del nombre:

Singular: acabado en vocal.	Plural: **+s**
amigo	amigos
fiesta	fiestas
café	cafés
Singular: acabado en consonante o en **í**.	Plural: **+es**
información	informaciones
jamón	jamones
marroquí	marroquíes

Observaciones:

Los nombres acabados en –z hacen el plural en –ces:

el arroz – los arro**ces**

Muchos nombres acabados en –s no cambian:

el lunes – los lun**es**

1. Escucha y numera las imágenes.

2. Escucha otra vez y marca en el plano dónde está la cafetería.

1. Escucha y completa los diálogos.

1

0	1	2	3	4
cero	uno	dos	tres	cuatro
5	6	7	8	9
cinco	seis	siete	ocho	nueve

Este es el 9 - 0 - 8
....

2

desayunamos - comemos - merendamos -
cenamos - avenida - calle -
paseo - plaza - cuatro - cinco - ocho -
a la derecha - a la izquierda - al lado -
enfrente - fax - carta - correo electrónico

Oye, mañana ....
en la cafetería Suiza.

¿Cuál es la
dirección?

Está en la
....
Delicias.

¿En qué
número?

En el número
....

¿Dónde
está?

Está ....
de una oficina de correos
y ....
del Hotel Ginebra.

¿Me envías
un plano?

Sí, te envío un plano
por ....

2. Observa el cuadro, escucha y escribe las respuestas.

Situar en el espacio
cerca de / lejos de
al lado de
a la derecha de / a la izquierda de
enfrente de   *behind*
delante de / detrás de
entre   *betwen*

¿Dónde está la oficina   ¿Dónde está la estación
de correos?   del metro?

....

¿Dónde están los niños?

....

¿Dónde está la cafetería? ¿Dónde está el buzón?

....

3. Escucha y ordena el diálogo.

a. En el 5.

b. Hola, ¿dónde vives?

c. Es el 907 11 00 14.

d. ¿En qué número?

e. ¿Cuál es tu correo electrónico?

f. Vivo en la calle Goya.

g. Mi correo es marcelo@inter.es

h. Está cerca de la estación.

i. ¿Dónde está esa calle?

j. ¿Cuál es tu número de teléfono?

4. Y tú, ¿dónde vives? Di tu dirección y dónde está tu casa.

Yo vivo en la calle... Mi casa está...

La ce (c), la zeta (z), la cu (q) y la entonación de la frase

1a. Escucha y repite la pronunciación de las palabras siguientes.

> La letra **C** se pronuncia [θ] delante de E, I

1. Gracias   2. Marcelo   3. Cero

> La letra **C** se pronuncia [k] delante de A, O, U

4. Cafetería   5. Correos   6. Cuatro

> La letra **Z** siempre se pronuncia [θ]

7. Suiza   8. Zona   9. Diez

> La letra **Q + U** se pronuncia [k] delante de E, I

10. Queda   11. Que   12. Quince

1b. Escucha estas palabras y escribe las letras que faltan (c, z, qu).

a. Estan_o   f. _orreos
b. _afetería   g. Par_e
c. Pla_a   h. _iudad
d. Bu_ón   i. Supermer_ado
e. _alle   j. _ine

1c. Escucha y ordena según el orden en que se pronuncia.

a.
  Cinco
  Bingo

b.
  Plaza
  Placa

c.
  Zona
  Lona

2. Escucha estas palabras pronunciadas por un hablante que "sesea".

> En algunas zonas de España y en toda América Latina, el sonido [θ] no existe. Por eso, **za, ce, ci, zo** y **zu** se pronuncian siempre [s]. A esto se le llama **seseo**.

a. Gracias   c. Cero   e. Zona
b. Marcelo   d. Suiza   f. Diez

3a. Escucha y repite estas frases con entonación diferente.

1. ¡Hola!
2. ¿Cómo te llamas?
3. Yo soy Miguel.
4. ¡Encantada!
5. ¿Dónde vives?

3b. Escucha y repite.

> La frase **afirmativa** termina hacia abajo.

Ejemplo: Está en la calle Delicias.

1. Está al lado de la oficina de correos.
2. Vivo en la calle Goya.
3. Me llamo Manuel.
4. Te envío una plano por fax.

3c. Escucha y repite.

> La frase **interrogativa** termina hacia abajo con interrogativo inicial.

Ejemplo: ¿Cuál es la dirección?

1. ¿Cómo te llamas?
2. ¿De dónde eres?
3. ¿Dónde vives?
4. ¿Dónde está la cafetería?

3d. Escucha y repite.

> La frase **interrogativa** termina hacia arriba sin interrogativo inicial.

Ejemplo: ¿Me envías un plano?

1. ¿Está cerca?
2. ¿Hablas español?
3. ¿Me entiendes?
4. ¿Eres uruguaya?

1a. Observa.

0 cero	1 uno	2 dos	3 tres
4 cuatro	5 cinco	6 seis	7 siete
8 ocho	9 nueve	10 diez	11 once
12 doce	13 trece	14 catorce	15 quince
16 dieciséis	17 diecisiete	18 dieciocho	19 diecinueve

1b. Escribe en este cartón de bingo números del 0 al 19.

Ahora escucha y tacha los números que oyes. Si completas el cartón, di ¡Bingo!

2. Lee estos sobres y marca las direcciones.

C/ = calle
Gta = glorieta (roundabout)

Estanco Pérez
C/ Goya, 13
15009 LA CORUÑA

D. Mario López García
Gta. de Quevedo, 9
28008 MADRID

Carlos Fernández López
C/ Hipólito Irigoyen, 1956
1086 BUENOS AIRES

Farmacia La Salud
Pza. Urquinaona, 1
08001 BARCELONA

3a. Relaciona.

1. C/   a. Paseo
2. Pº.   b. Número
3. Avda.   c. Plaza
4. Pza.   d. Calle
5. Nº.   e. Avenida
6. Gta.   f. Glorieta

3b. Lee la siguiente carta postal.

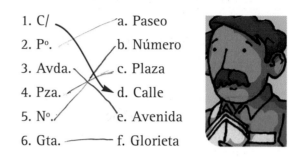

Querido Luis:
Ahora vivo en una ciudad al lado de un río. Las calles son pequeñas y no tiene avenidas. Los edificios altos están lejos del centro: son la iglesia y el hospital. Tenemos un museo y un monumento a Colón. Mi casa está en la Plaza Mayor enfrente de un parque. ¿Quieres conocerla?

Tu amigo,
Carlos

D. Luis Gómez
Gta. de Ibiza, 34
28000 MADRID

3c. Di si es verdadero (V) o falso (F).

1. V   Carlos vive en una ciudad.
2. F   La ciudad está lejos de un río.
3. F   La ciudad no tiene calles.
4. F   Los edificios altos están en el centro.
5. V   La iglesia y el hospital son edificios altos.
6. V   La ciudad tiene un museo.
7. V   Luis vive en la plaza Mayor.
8. V   El parque está cerca de casa de Carlos.

Presente de verbos regulares. Uso de *TÚ, USTED, VOS*

👁 1a. Observa.

	Hablar	Beber	Vivir
Yo	*hablo*	*bebo*	*vivo*
Tú	*hablas*	*bebes*	*vives*
Él, ella, usted	*habla*	*bebe*	*vive*
Nosotros, as	*hablamos*	*bebemos*	*vivimos*
Vosotros, as	*habláis*	*bebéis*	*vivís*
Ellos, ellas, ustedes	*hablan*	*beben*	*viven*

✎ 1b. Completa el cuadro.

	Desayunar	Comprender	Escribir
Yo	*desayuno*	*comprendo*	*escribo*
Tú	*desayunas*	*comprende*	*escribes*
Él, ella, usted	*desayuna*	*comprende*	*escribe*
Nosotros, as	*desayunamos*	*comprendemos*	*escribimos*
Vosotros, as	*desayunáis*	*comprendeis*	*escribís*
Ellos, ellas, ustedes	*desayunan*	*comprenden*	*escriben*

✎ 1c. Completa las frases.

1. Don Víctor, ¿me *comprende* usted? *(comprender)*.
2. Manuel y yo *hablamos* español y francés *(hablar)*.
3. Yo *hablo* y *escribo* español correctamente *(hablar)*, *(escribir)*.
4. Elena y Marta no *comprenden* bien esta palabra *(comprender)*.
5. ¿Vosotros *habláis* español? *(hablar)*.

👁 2a. Observa.

TÚ - VOS - USTED
TÚ: informal   USTED: formal
VOS = Tú en Argentina, Uruguay, Paraguay y otros países de América Latina.
USTEDES: plural de TÚ, VOS y USTED en América Latina.

📼 2b. Los verbos usados con *VOS* cambian en el presente. Escucha y repite.

1. Tú eres / Vos sos.
2. Tú hablas / Vos hablás.
3. Tú comprendes / Vos comprendés.
4. Tú escribes / Vos escribís.

✎ 2c. Clasifica las frases en el cuadro.

1. ¿Vos hablás inglés?
2. ¿Puede usted escribirlo?
3. ¿Hablas español?
4. ¿Cómo te llamás?
5. ¿Puedes repetir, por favor?
6. ¿Me entiendes?
7. ¿Sos español?

Formal	Informal	
En España y en Argentina	En España	En Argentina
		1.

Presente de verbos irregulares

3a. Observa y completa las frases.

	Querer	Tener	Repetir
Yo	quiero	tengo	repito
Tú	quieres	tienes	repites
Él, ella, usted	quiere	tiene	repite
Nosotros, as	queremos	tenemos	repetimos
Vosotros, as	queréis	tenéis	repetís
Ellos, ellas, ustedes	quieren	tienen	repiten

1. Las chicas no _quieren_ nada (querer).
2. No hablan español, pero lo _repiten_ todo (repetir).
3. Nosotros no _tenemos_ nada (tener).
4. Los niños no _tienen_ chocolate (tener).
5. El profesor _repite_ la pregunta (repetir).
6. ¿Ustedes _quieren_ algo? No, gracias, no _queremos_ nada (querer).

3b. Señala si los verbos de estas frases son regulares o irregulares.

	Verbos regulares	Verbos irregulares
a. ¿Repetimos?		✓
b. Queremos café y un bollo, por favor.		✓
c. ¿Dónde viven?	✓	
d. ¿Desayunas conmigo?	✓	
e. Te enviamos un plano por correo.	✓	
f. Llamas tú a Lucía y Antonio.	✓	
g. ¿Tenéis correo electrónico?		✓

3c. Completa.

1. ¿Viven ustedes en la calle Aribau? No, _vivimos_ en la calle Bailén.
2. Ellas quieren pescado. Y vosotras, ¿qué _queréis_?
3. ¿Tienes móvil? Sí, sí _tengo_. Es el 661 00 00 01.
4. Yo desayuno en casa, pero Juan _desayuna_ en la cafetería.
5. ¿Habláis español? Sí, _hablamos_ español y francés.

3d. Pon las siguientes frases en plural.

1. El cliente desea un sombrero.
   Los clientes desean unos sombreros
2. ¿Habla usted español?
   ¿Hablan ustedes español?
3. Es una estudiante alemana.
   Son unas estudiantes alemanas
4. El profesor habla de España.
   Los profesores hablan de España.
5. ¿Comprendes el problema?
   ¿Comprendéis las problemas?

3e. Y estas en singular.

1. Las chicas no tienen sombreros.
   La chica no tiene sombrero
2. ¿Quieren ustedes unos tomates?
   ¿Quiere usted un tomate?
3. ¿Repetimos?
   ¿Repito?
4. Tenemos unos amigos marroquíes.
   Tiene un amigo marroquí
5. ¿Habláis de mí?
   ¿Habas de me?

1a. A partir de los datos de estas tarjetas practica diferentes preguntas con tu compañero.

Elena García Pérez

Calle Corrientes, 1134
1428 Buenos Aires
Argentina

Tel. 11 933.00.01
Móvil: 15 495.00.01
elega@argentina.com.ar

Hola. ¿Cómo se llama?

Elena García.

¿Dónde vive?

En la calle Corrientes.

¿En qué número?

En el ....

Farmacia La Salud

Plaza de la Ciudad, 1
28001 - Madrid
España

Tel. 908.20.01.14
Fax: 908.15.16.17

¿Cuál es el teléfono de la farmacia?

....

¿Y el fax?

1b. Escribe una tarjeta y habla con tu compañero, como en el ejercicio anterior.

2. Habla con tu compañero para decirle el lugar donde vives. Mira el modelo.

¿Dónde vives?

En la calle...

¿Dónde está?

Cerca de la estación.

¿Y en qué número?

....

3. Describe dónde están los museos.

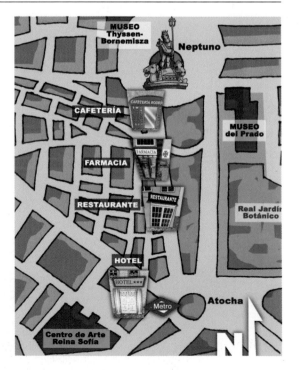

El paisaje urbano en España

1. Relaciona estas palabras con las fotos.

Puesto de la ONCE   Estanco   Administración de lotería   Oficina de correos   Buzón

Hospital   Farmacia   Kiosco   Tasca   Panadería   Churrería

A   B   C   D   E

Hospital   *Farmacia*   *Kiosco*   *Administración de lotería*   *Oficina de correos*

F   G   H   I   J   K

Buzón   *Estanco*   *Panadería*   *Churrería*   *Tasca*   *Puesto de la ONCE*

2. Relaciona con flechas.

1. Administración de lotería
2. Estanco
3. Panadería
4. Oficina de correos
5. Hospital
6. Kiosco
7. Farmacia
8. Tasca
9. Puesto de la ONCE

a. Pan y bollos
b. Sellos y cartas
c. Lotería y juegos de azar
d. Medicina
e. Tabaco
f. Comidas y bebidas
g. Periódicos y revistas

3. ¿Hay en tu país algunas tiendas diferentes? ¿Cuáles?

1. Mira la ilustración durante un minuto y luego marca lo que has visto.

- Un kiosco
- Un puesto de la ONCE
- Una cafetería
- Una administración de lotería
- Un hospital

- Un buzón
- Una oficina de correos
- Una tasca
- Una churrería
- Un estanco

a. Describe la imagen.

b. Elige a dos personajes e imagina el diálogo.

Taller de Internet

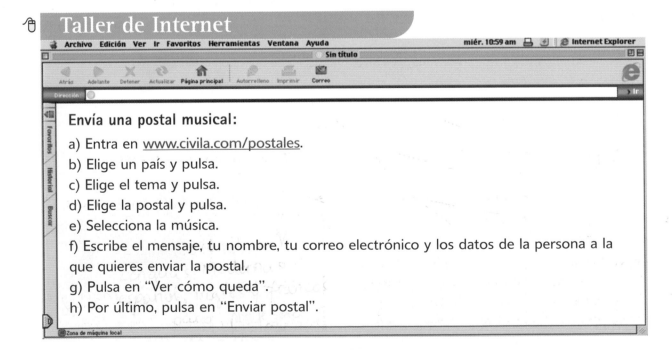

Envía una postal musical:

a) Entra en www.civila.com/postales.

b) Elige un país y pulsa.

c) Elige el tema y pulsa.

d) Elige la postal y pulsa.

e) Selecciona la música.

f) Escribe el mensaje, tu nombre, tu correo electrónico y los datos de la persona a la que quieres enviar la postal.

g) Pulsa en "Ver cómo queda".

h) Por último, pulsa en "Enviar postal".

1a. Las expresiones para manejarse en la calle:

Situar en el espacio
Cerca de / lejos de
Al lado de
A la derecha de / a la izquierda de
Enfrente de
Delante de / detrás de
Entre

1b. Y para informarte de datos personales:

¿Dónde vives?	*Vivo en la calle...*
¿En qué número?	*En el...*
¿Dónde está esa calle?	*Está cerca de...*
¿Tienes correo electrónico / teléfono?	*Mi correo es...@... . ...*
¿Cuál es tu correo electrónico?	*Es el...*
¿Cuál es tu número de teléfono?	

2a. Los números: cero, uno, dos, tres, cuatro, cinco, seis, siete, ocho, nueve, diez, once, doce, trece, catorce, quince, dieciséis, diecisiete, dieciocho, diecinueve y veinte.

2b. Las palabras de la comunicación: la carta, el contestador, el correo electrónico, el fax, el mensaje, llamar, dejar un mensaje, la señal y el teléfono.

2c. Los lugares para orientarte: la administración de lotería, el ambulatorio, la avenida, el bingo, el buzón, la cafetería, la calle, la carretera, la casa, la churrería, los edificios, la estación de metro, el estanco, la farmacia, la glorieta, el hospital, el hotel, la iglesia, el kiosco, el monumento, el museo, la oficina de correos, el parque, el paseo, la plaza, el puesto de la ONCE, el restaurante, el río y la tasca.

2d. Los verbos: desayunar, comer, merendar y cenar.

3a. El presente de los verbos regulares:

	Hablar	Beber	Vivir
Yo	hablo	bebo	vivo
Tú	hablas	bebes	vives
Él, ella, usted	habla	bebe	vive
Nosotros, as	hablamos	bebemos	vivimos
Vosotros, as	habláis	bebéis	vivís
Ellos, ellas, ustedes	hablan	beben	viven

3.b. Y de algunos irregulares:

	Querer	Tener	Repetir
Yo	quiero	tengo	repito
Tú	quieres	tienes	repites
Él, ella, usted	quiere	tiene	repite
Nosotros, as	queremos	tenemos	repetimos
Vosotros, as	queréis	tenéis	repetís
Ellos, ellas, ustedes	quieren	tienen	repiten

4 ¿A qué te dedicas?

What's your job

1. Escucha y numera las imágenes.

COLEGIO "EUROPA"
necesita:
Profesor-a de portugués.

B

C

D

2. Completa los datos personales de María Cardoso.

DATOS PERSONALES

Nombre: María Cardoso Figo

Dirección: Plaza de la Constitución, 23. Salamanca (España).

Teléfono: 923 21 86 45

País de nacimiento: Brasil

Estudios: Lenguas Modernas

Idiomas: español, inglés y francés

Vida profesional: para profesora de español

SR. FUENTES: Es usted brasileña, ¿no?

MARÍA: Sí.

SR. FUENTES: Y es licenciada en Lenguas Modernas, ¿verdad?

graduate   Language Academy

MARÍA: Sí, eso es. Hablo perfectamente español e inglés y tengo conocimientos de francés.

SR. FUENTES: Y ¿a qué se dedica ahora?

MARÍA: Trabajo en mi tesis y estoy en paro. *enemployed*

SR. FUENTES: ¿Tiene experiencia como profesora?

MARÍA: Sí, en Brasil, dos años como profesora de español en una academia de idiomas.

1. ¿Qué oyes?

1. ◯ Tengo una cita con el profesor.
   ◯ Tengo una cita con el director.

2. ◯ ¿Me acompaña?
   ◯ ¿Te acompaña?

3. ◯ Es usted brasileña.
   ◯ Es usted madrileña.

4. ◯ ¿Quiere trabajar?
   ◯ ¿Quieren trabajar?

5. ◯ Le presento a Ramón Roca.
   ◯ Te presento a Ramón Roca.

6. ◯ Trabajo de profesora.
   ◯ Trabajo como profesora.

7. ◯ ¿Con nosotros?
   ◯ ¿Con vosotros?

8. ◯ ¿Puede empezar mañana?
   ◯ ¿Puedes empezar mañana?

2. Di si es verdadero (V) o falso (F).

◯ María tiene una cita con el señor Fuentes.

◯ La secretaria conoce a María.

◯ María enseña idiomas en un hotel.

◯ María está en paro.

◯ El Sr. Roca es el Jefe del Departamento de Idiomas.

◯ María empieza a trabajar mañana.

3. Relaciona.

1. Colegio
2. Tener una cita
3. Dominio de español e inglés
4. Tener experiencia
5. Academia
6. Jefe
7. Estar en paro
8. Conocimientos de francés
9. Tesis
10. Licenciado/a

6 a. La persona más importante en un trabajo.

8 b. Puedo comunicar en francés.

2 c. Tener una reunión con alguien.

1 d. Centro de estudios para niños y jóvenes.

3 e. Hablar perfectamente español e inglés.

7 f. Estar sin trabajo.

9 g. Trabajo de investigación al final de la licenciatura.

10 h. Persona con estudios universitarios.

4 i. Trabajar antes.

5 j. Centro de estudios especializado.

4. Y tú, ¿a qué te dedicas?

Yo soy.........................

La ere y la erre

1. Escucha estos nombres y apellidos. Todos tienen los sonidos [r] o [r̄]. Márcalo.

a. María
b. Cardoso
c. Roca
d. Durán
e. Márquez
f. Ramón
g. Jorge
h. Serra

2. Sonido [r]. Escucha y repite.

a. Señor
b. Gracias
c. Perdone
d. Por favor
e. Brasileña
f. Trabajo
g. Director
h. Profesora

3. Sonido [r̄]. Escucha y repite.

> La letra **R** se pronuncia [r̄] cuando va entre vocales (**RR**) o al principio de palabra (**R**).

a. Restaurante
b. ⇄ Renfe
c. Recepcionista
d. Correcto
e. Correo
f. Repita
g. Arroz
h. Churros

4. Contraste [r] y [r̄]. Escucha y marca lo que oyes.

a. Ahora / Ahorra
b. Pero / Perro
c. Cero / Cerro
d. Coreo / Correo

5. Trabalenguas. Escucha y repite.

El perro de Rosa y Roque no tiene rabo.

6. Escucha y pronuncia correctamente estas frases.

1. Es profesor en una academia.
2. ¿Puede llamar al señor Roca?
3. Puede dejar un mensaje.
4. Contestador automático.

7. Observa el mapa de España con los nombres de algunas ciudades y autonomías. Lee cinco. Tu compañero las marca.

1. ¿Qué profesión tienen?

A Azafata

B recepcionista

C Mecánico

D pintor

E cantante

F secretaria

G actor

H policía

I farmaceutica

J escritor

K taxista

L médica

M camarero

N peluquero

Ñ profesora

Empresariales

Actor–actriz
Azafata
Pintor–pintora
Taxista
Médico–médica
Peluquero–peluquera
Farmacéutico–farmacéutica
Mecánico
Cantante
Recepcionista
Policía
Camarero–camarera
Profesor–profesora
Secretario–secretaria
Escritor–escritora

2. ¿Dónde trabaja? Relaciona las profesiones con los lugares de trabajo.

1. Actor
2. Mecánico
3. Camarero
4. Profesor
5. Azafata
6. Policía
7. Secretaria
8. Médico

a. Taller
b. Hospital
c. Comisaría
d. Oficina
e. Teatro
f. Avión
g. Colegio
h. Restaurante o bar

3. ¿Qué hacen? Relaciona para completar las frases.

1. El actor
2. La secretaria
3. El policía
4. El camarero
5. El farmacéutico
6. El escritor
7. La azafata
8. El director

a. Atiende a los clientes.
b. Dirige una empresa.
c. Vende medicinas.
d. Comprueba que los pasajeros están bien.
e. Recuerda las citas del jefe.
f. Hace un papel en teatro, cine o televisión.
g. Encuentra a los criminales.
h. Cuenta historias en sus libros.

4. Ahora piensa en una profesión y descríbela. Tus compañeros la adivinan.

Trabaja en un avión y comprueba que todo esté bien.

Es azafata

1a. Observa.

A + EL = AL
Te presento ~~a el~~ director AL
DE + EL = DEL
Es el Jefe ~~de el~~ Departamento. DEL

1b. Completa las frases con *EL, LA, LOS, LAS, AL, DEL.*

1. ¿Me dice *el* número de teléfono *del* restaurante, por favor?
2. Es *la* hora *del* desayuno.
3. ¿Puede llamar a *la* profesora de portugués, por favor?
4. Le presento *al* director de *la* academia.
5. María y Susana hablan *del* trabajo.
6. *Los* alumnos escriben una carta a *la* directora.
7. Ramón está delante *del* kiosco.
8. *La* azafata atiende *el* pasajero.
9. No me acuerdo de *la* pregunta.
10. ¿Conoces a *los* profesores?

2a. Observa y completa los cuadros.

Algunos verbos irregulares
E > IE   (querer – quiero)
O > UE   (poder – puedo)
No hay regla para saber si un verbo tiene diptongación o no.

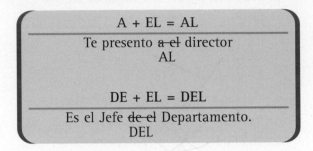

e > ie		
Empezar	**Querer**	**Sentir**
empiezo	*quiero*	*siento*
empiezas	*quieres*	*sientes*
empieza	*quiere*	*siente*
empezamos	*queremos*	*sentimos*
empezáis	*queréis*	*sentís*
empiezan	*quieren*	*sienten*

o > ue		
Comprobar	**Poder**	**Dormir**
compruebo	*puedo*	*duermo*
compruebas	*puedes*	*duermes*
comprueba	*puede*	*duerme*
comprobamos	*podemos*	*dormimos*
comprobáis	*podéis*	*dormís*
comprueban	*pueden*	*duermen*

2b. Pon las frases en singular.

1. Queremos el trabajo. *Quieres*
2. ¿Podéis venir a casa? *Puedes*
3. ¿Os acordáis de mí? *Acuerdas*
4. Empezamos mañana. *Empiezas*
5. Los niños se duermen en el cine. *duerme*

2c. Escribe el infinitivo de los verbos del ejercicio anterior.

2d. Pon los verbos en la persona indicada.

Infinitivo	Presente
Recordar	tú ....
Dormir	yo ....
Mover	vosotros ....
Encontrar	ustedes ....
Volar	ellas ....
Defenderse	nosotras ....
Convertir	él ....
Mentir	ella ....
Perder	usted ....
Entender	nosotros ....

Pronombres personales y verbos reflexivos en presente

3a. Observa los pronombres.

Sujeto	Con preposición	Reflexivos
Yo	*mí*	*me*
Tú	*ti*	*te*
Él, ella, usted	*él, ella, usted*	*se*
Nosotros, nosotras	*nosotros, as*	*nos*
Vosotros, vosotras	*vosotros, as*	*os*
Ellos, ellas, ustedes	*ellos, ellas, ustedes*	*se*

con + mí = *conmigo*
con + ti = *contigo*

3b. Relaciona los pronombres de las dos columnas.

1. Yo
2. Nosotros
3. Vosotras
4. Ustedes
5. Tú

a. Os
b. Nos
c. Te
d. Se
e. Mí

3c. Marca la forma correcta.

1. Tengo una cita con...
   usted.   ti.   nos.

2. Está delante de...
   se.   te.   ellas.

3. Luis viene con...
   conmigo.   ti.   nosotras.

4. Quiere trabajar con...
   mí.   me.   él.

5. ¿Vienes...
   conmigo?   con mí?   con yo?

6. Esto es para...
   contigo.   ti.   tú.

4a. Completa el cuadro de los verbos con pronombres reflexivos.

Divertirse	Dormirse
me *divierto*	me *duermo*
....	....
....	se *duerme*
nos *divertimos*	....
os *divertís*	....
....	se *duermen*

Sentarse	Defenderse
me *siento*	....
te *sientas*	te *defiendes*
se *sienta*	se *defiende*
nos *sentamos*	....
os *sentáis*	....
se *sientan*	....

4b. Pon los verbos en presente de indicativo. Usa los pronombres reflexivos.

Te presento a mi amiga, ... Clara *(llamarse)*.

Te presento a mi amiga, se llama Clara.

1. Juan .... a las siete de la mañana *(levantarse)*.

2. .... en todas partes *(ella/dormirse)*.

3. Nieves siempre .... al lado de la profesora *(sentarse)*.

4. .... Pedro y Tomás *(nosotros/llamarse)*.

5. ¿..................... de mí? *(usted/acordarse)*.

6. El tren no .... *(moverse)*.

7. ¿..................... por la mañana o por la noche? *(vosotros / lavarse)*.

1a. Pregunta a tu compañero su profesión, como en el modelo.

Formal	Informal
¿A qué se dedica?	¿A qué te dedicas?
Trabajo de / como... + *profesión*	
Soy... + *profesión*	
Trabajo en + *lugar de trabajo*	
No trabajo.	

¿A qué te dedicas?

Trabajo en un hospital. Soy enfermera. ¿Y tú?

Yo no trabajo. Soy estudiante.

1b. Presenta a tu compañero, como en el modelo.

Formal	Informal
Le presento a...	Te presento a...
¿Conoce a... ?	¿Conoces a... ?
Este / Esta es...	

¿Conoces a Laura?

Hola. Mucho gusto. Yo soy Marcos.

Encantada.

....

2a. Ahora haz una entrevista de trabajo a tu compañero y rellena su currículum.

DATOS PERSONALES

Nombre: ....

Dirección: ....

Teléfono: ....

País de nacimiento: ....

Estudios: ....

Idiomas: ....

Vida laboral: ....

2b. Lee estos anuncios y elige el mejor para ti. ¿Por qué?

OFERTA
DEPENDIENTA se precisa para tienda de moda femenina, jornada laboral 20 horas semanales, buena presencia, don de gentes, de 20 a 30 años. Interesadas enviar C.V. a Reus, Apartado de Correos 246.
Provincia: TARRAGONA.

OFERTA
ESTUDIO de mercado. 2 días al mes, se precisan personas entre 35/40 años, imprescindible coche para empresa de estudios de mercado.
Telf.: 906 51 55 28. Ref.: 52109477.
Mensaje corto (SMS) al 7575: REF 52109477.
Provincia: TARRAGONA.

OFERTA
PRODUCTOS HOSPITALARIOS empresa mayorista ubicada en Nueva Andalucía (Marbella) necesita empleado para almacén. Envíen C.V. a la atención de M. José: Apartado de Correos 071.
Provincia: MÁLAGA.

OFERTA
SEÑORITA, se precisa para nueva oficina inmobiliaria en Vilanova. Interesadas llamar telf.: 906 51 55 28.
Ref.: 52111490.
Mensaje corto (SMS) al 7575: REF 52111490.
Provincia: BARCELONA.

1. Mira el gráfico y relaciona con las fotos.

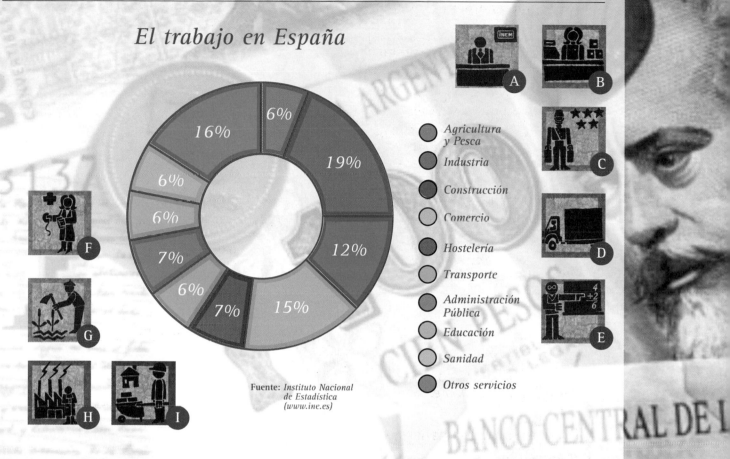

El trabajo en España

6%
16%
19%
6%
6%
12%
7%
15%
6%
7%

○ Agricultura y Pesca
○ Industria
○ Construcción
○ Comercio
○ Hostelería
○ Transporte
○ Administración Pública
○ Educación
○ Sanidad
○ Otros servicios

A B C D E F G H I

Fuente: *Instituto Nacional de Estadística (www.ine.es)*

2. ¿Qué diferencias hay con tu país?

3. ¿En qué sector trabajas tú?

4. Mira el gráfico y compara con España. Di si es verdadero (V) o falso (F).

En América Latina hay más pescadores y agricultores.

En España hay más trabajadores en el sector de la industria.

Los españoles trabajan sobre todo en el sector servicios.

Las personas en América Latina trabajan sobre todo en el sector servicios.

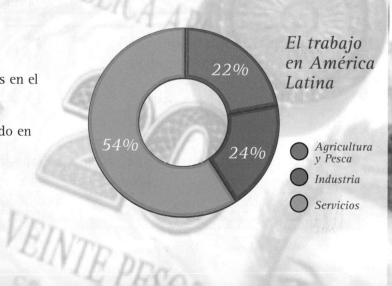

El trabajo en América Latina

22%
24%
54%

○ Agricultura y Pesca
○ Industria
○ Servicios

👁 **1. Mira la ilustración.**

👁 **a. Relaciona estos diálogos con los personajes de la imagen.**

Diálogo 1

Este es mi curriculum.

Muchas gracias. ¿Tiene conocimientos de informática?

Diálogo 2

Sí, sí, tengo experiencia como recepcionista en un hotel.

Y, ¿habla idiomas?

Diálogo 3

¿Tiene experiencia como camarera?

No.

Lo siento, el restaurante necesita una camarera con experiencia.

💬 **b. Elige una de las situaciones y escribe el diálogo.**

💬 **c. ¿Qué dicen las tres mujeres de la fila? Imagina la conversación.**

🖱 ## Taller de Internet

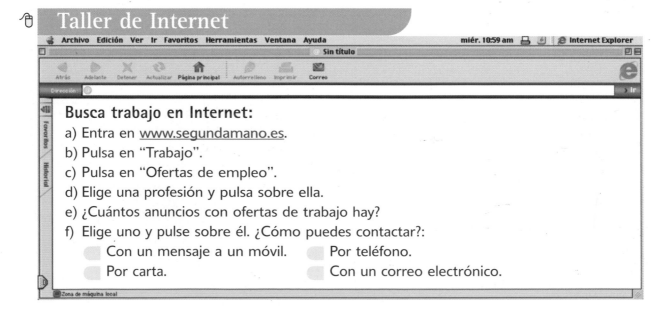

Archivo   Edición   Ver   Ir   Favoritos   Herramientas   Ventana   Ayuda   miér. 10:59 am   Internet Explorer

Sin título

Atrás   Adelante   Detener   Actualizar   Página principal   Autorrelleno   Imprimir   Correo

Dirección:

Favoritos   Historial

Busca trabajo en Internet:
a) Entra en www.segundamano.es.
b) Pulsa en "Trabajo".
c) Pulsa en "Ofertas de empleo".
d) Elige una profesión y pulsa sobre ella.
e) ¿Cuántos anuncios con ofertas de trabajo hay?
f) Elige uno y pulse sobre él. ¿Cómo puedes contactar?:

    ⬜ Con un mensaje a un móvil.   ⬜ Por teléfono.
    ⬜ Por carta.   ⬜ Con un correo electrónico.

Zona de máquina local

1a. Las expresiones para presentar a alguien:

> ¿Conoce(s) a... ?
> Mira/e, este/a es...
> Te/le presento a...
> Encantado/a.

1b. Para hablar de la profesión:

> ¿A qué se dedica? / ¿A qué te dedicas?
> ¿En qué trabaja(s)?
> Trabajo como / de...
> Soy...

1c. Y para utilizar en una entrevista de trabajo:

Preguntar por un dato:	Dar una información:
¿Tiene experiencia en...?	Soy licenciado/a en...
¿Habla idiomas?	Tengo experiencia en/como...
¿Puede empezar mañana?	Hablo perfectamente...
	Tengo conocimientos de...

2a. Los datos del currículum: el colegio, el licenciado, la experiencia, el conocimiento, el dominio, etc.

2b. Las profesiones: el actor, la azafata, el pintor, el taxista, el médico, el peluquero, el farmacéutico, el mecánico, el cantante, el recepcionista, la policía, el camarero, el profesor, el secretario, el escritor, etc.

2c. Los lugares de trabajo: la oficina, la escuela, la academia, el taller, el hospital, la comisaría, el teatro, el avión, el restaurante o el bar, etc.

2d. Los verbos: atender, dirigir, vender, comprobar, recordar, encontrar, contar, divertirse, poder, empezar, entender, sentarse, levantarse, acordarse, etc.

3a. Presente de los verbos irregulares (e>ie, o>ue):

	e > ie	o > ue
	Querer	Poder
Yo	quiero	puedo
Tú	quieres	puedes
Él, ella, usted	quiere	puede
Nosotros, nosotras	queremos	podemos
Vosotros, vosotras	queréis	podéis
Ellos, ellas, ustedes	quieren	pueden

3b. Los pronombres:

Sujeto	Con preposición	Reflexivos
Yo	mí	me
Tú	ti	te
Él, ella, usted	él, ella, usted	se
Nosotros, nosotras	nosotros, as	nos
Vosotros, vosotras	vosotros, as	os
Ellos, ellas, ustedes	ellos, ellas, ustedes	se

> con + mí = conmigo
> con + ti = contigo

3c. Y las contracciones:

> A + EL = AL
> DE + EL = DEL

1. Escucha esta videoconferencia. Algunas palabras no se oyen bien. ¿Puedes adivinarlas?

José Manuel: Hola. ¿Cómo te ....?

Gema: Gema, ¿y tú?

José Manuel: José Manuel. ¿De dónde ....?

Gema: Soy española, pero ahora estoy viviendo en Buenos Aires, ¿y tú?

José Manuel: De Sevilla.

Gema: ¿Y estás en Sevilla?

José Manuel: Sí.

Gema: ¿Qué hora es en España?

José Manuel: Son las siete y veinte de la ....

Gema: En Buenos Aires son las tres y veinte.

José Manuel: ¿Y no estás trabajando?

Gema: No, yo no trabajo, soy ....

José Manuel: ¿Qué edad tienes?

Gema: Diecinueve. Y tú, ¿cuántos años ....?

José Manuel: Hoy cumplo veinticinco.

Gema: ¿Hoy es tu cumpleaños?

José Manuel: Sí.

Gema: ¡Felicidades!

José Manuel: ¿Cómo? ¿Puedes ....?

Gema: ¡Feliz cumpleaños!

José Manuel: ¡Ah, ...! ¿Cuándo es tu cumpleaños?

Gema: El treinta de enero. También es lunes. ¿Te estás riendo?

José Manuel: Sí, estoy hablando con mis compañeros de trabajo.

Gema: ¿Dónde ....?

José Manuel: Estoy en la oficina. Estamos celebrando mi cumpleaños.

Gema: ¡¿En vuestra oficina?!

José Manuel: Sí, pero el horario de trabajo es hasta las siete.

Gema: Ah. ¿Cuántos sois?

José Manuel: Cincuenta y dos.

Gema: ¡Cincuenta y dos!

1. ¿Qué oyes?

1. Son las siete y veinte.
    Son las seis y veinte.

2. ¿Cuántos años tiene?
    ¿Cuántos años tienes?

3. Hoy cumplo veinticinco.
    Hoy cumplo treinta y cinco.

4. El treinta de enero.
    El treinta de febrero.

5. ¿Te estás riendo?
    ¿Se está riendo?

6. ¿Y no están trabajando?
    ¿Y no estás trabajando?

2. Di si es verdadero (V) o falso (F).

Gema y José Manuel tienen la misma edad.

José Manuel es de Sevilla.

El treinta de enero es sábado.

Gema tiene veinticinco años.

Gema está en paro.

José Manuel trabaja hasta las siete de la tarde.

José Manuel cumple cincuenta y dos años.

Hoy es el cumpleaños de Gema.

Entre España y Argentina hay una diferencia de cuatro horas.

3. Relaciona los dibujos con los diálogos.

1 Felicidades. ¿Cuántos años cumples?
Treinta.

2 ¿Cuántos años tienes?
Dos.

3 ¿Cómo se llama, por favor?
José Manuel García.
¿Qué edad tiene?
Veinticinco años.

4 ¿Puedo entrar?
No, lo siento. Son las dos y veinte. El horario es hasta las dos.

4. Clasifica estas frases del diálogo.

- Soy española.
- Estoy viviendo en Buenos Aires.
- ¿Y no estás trabajando?
- No, yo no trabajo, soy estudiante.
- ¿Te estás riendo?
- Estoy hablando con mis compañeros de trabajo.
- Estamos celebrando mi cumpleaños.
- El horario es hasta las siete.

Normalmente o siempre	Ahora
	Estoy viviendo en Buenos Aires.

5. Y tú, ¿cuántos años tienes? ¿Cuándo es tu cumpleaños?

1. Escucha y repite la pronunciación de las palabras siguientes:

> *La letra **G** se pronuncia [g] delante de A, O, U.*

1. Jugando 2. Gonzalo 3. Gusta

> *La letra **G** + la vocal **U** se pronuncian [g] delante de E, I.*

4. Miguel 5. Seguir 6. Guitarra

> *La letra **G** se pronuncia [x] delante de E, I.*

7. Argentina 8. Gente 9. Corregir

> *La letra J siempre se pronuncia [x].*

10. Javier 11. Ejemplo 12. Hijo

2. Sonido [g]. Escucha y repite.

a. Goya   g. Agosto
b. Belga   h. Gustar
c. Bogotá   i. Portugués
d. Diálogo   j. Amigo
e. Paraguay k. Guitarra
f. Agua   l. Segundo

3. Sonido [x]. Escucha y repite.

a. Baja   g. Joven
b. Jueves   h. Trabajo
c. Religión i. Gerona
d. General   j. Gibraltar
e. Japón   k. Julio
f. Junio   l. Jamón

4. Contraste [x] y [g]. ¿Qué oyes?

a. ⬭ Hago   b. ⬭ Higo
   ⬭ Ajo   ⬭ Hijo

c. ⬭ Gusto   d. ⬭ Gota
   ⬭ Justo   ⬭ Jota

5. Contraste [x] y [r] / [r̄]. Escribe 1 ó 2 según el orden en que lo escuches.

a. ⬭ Juego   b. ⬭ Caja
   ⬭ Ruedo   ⬭ Cara

c. ⬭ Hoja   d. ⬭ Jamón
   ⬭ Hora   ⬭ Ramón

6. Escucha las frases y completa con las letras "G" o "J".

1. Me __usta __u__ar con el __ato.
2. Los __ueves mi hi__o traba__a en __erona.
3. En el mes de a__osto la __ente baila tan__os en este lu__ar.

7. Piensa en otras palabras que se escriben con "ge" o con "jota". ¿Cómo se pronuncian?

1a. Relaciona.

a. 20 • setenta
b. 30 • noventa
c. 40 • ochenta
d. 50 • cien
e. 60 • treinta
f. 70 • veinte
g. 80 • cincuenta
h. 90 • cuarenta
i. 100 • sesenta

1b. Observa.

21 veintiuno	22 veintidós	23...
	Pero	
31 treinta y uno	32 treinta y dos	33...
41 cuarenta y uno	42 cuarenta y dos	43...

1c. Escucha las frases y señala el número correcto.

a. 21   b. 93   c. 78
   31   73   38
d. 70   e. 11   f. 44
   60   12   54

2. ¿Qué hora es? Mira el dibujo y luego escribe la hora debajo de cada reloj.

en punto
cinco — cinco
diez — diez
cuarto — menos — y — cuarto
veinte — veinte
veinticinco — veinticinco
media

A
Las dos menos cuarto

B
Las seis en punto

C
Las nueve y media

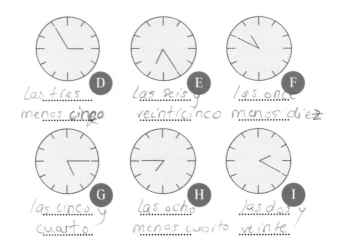

D
Las tres menos cinco

E
Las seis y veinticinco

F
las once menos diez

G
las cinco y cuarto

H
Las ocho menos cuarto

I
las dos y veinte

3. Escribe los meses en este calendario.

septiembre, agosto, febrero, diciembre, enero, octubre, abril, junio, julio, marzo, noviembre, mayo

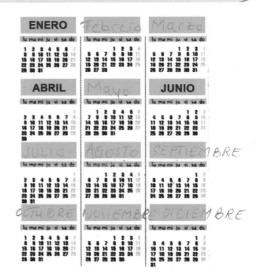

ENERO   Febrero   Marzo
ABRIL   Mayo   JUNIO
JULIO   Agosto   SEPTIEMBRE
OCTUBRE   NOVIEMBRE   DICIEMBRE

4. Pon en orden los días de la semana. Después, haz frases como en el ejemplo.

lunes, jueves, miércoles, viernes, domingo, martes, sábado

1. lunes   2. martes   3. miércoles
4. jueves   5. viernes   6. sábado
7. domingo

Hoy es martes 30 de marzo.

Presente de verbos irregulares y *ESTAR* + gerundio

1a. Completa el cuadro.

Algunos verbos irregulares: E>I		
Repetir	Pedir	Reír
repito	....	río
repites	....	ríes
repite	pide	....
repetimos	pedimos	....
repetimos	pedimos	....
repiten	piden	....

Otros verbos: servir, vestir, despedir, etc.

1b. Pon los verbos en presente.

1. Todos los alumnos .... el ejercicio *(repetir)*.
2. Ustedes .... mucho *(pedir)*.
3. Esto no me .... *(servir)*.
4. Me .... y después desayuno *(vestir)*.
5. Rosa se .... de todo *(reír)*.
6. Me .... tú el café, ¿vale? *(pedir)*.
7. Mi hijo tiene tres años y ya se .... solo *(vestir)*.
8. En las videoconferencias hablamos y .... mucho *(reír)*.
9. Mi profesora .... siempre lo mismo *(repetir)*.
10. Los camareros no .... en las mesas *(servir)*.

1c. Clasifica los verbos.

vestir – poder – querer – despedir – servir – sentir – dormir – cerrar – mentir – divertir

E > IE	O > UE	E > I
		vestir

2a. Observa la formación del gerundio.

Verbos –AR	Verbos –ER o –IR
+ ANDO	+ IENDO
(hablar: hablando)	(beber: bebiendo)
	(vivir: viviendo)
Algunos gerundios irregulares	
decir	diciendo
dormir	durmiendo
pedir	pidiendo
poder	pudiendo
sentir	sintiendo
ser	siendo

2b. Escribe el infinitivo.

a. Llamando ....
b. Siendo ....
c. Respondiendo ....
d. Pidiendo ....
e. Comprendiendo ....
f. Pudiendo ....
g. Celebrando ....
h. Escribiendo ....
i. Pronunciando ....
j. Sintiendo ....
k. Deseando ....
l. Diciendo ....

3a. Observa.

Estar	
estoy	
estás	
está	+ gerundio
estamos	
estáis	
están	

ESTAR + GERUNDIO
Se utiliza para decir lo que una persona hace en el momento de hablar. Ejemplo: Ahora estoy comiendo.

Presente de *ESTAR* + gerundio y los posesivos

3b. **Completa las frases con el verbo *ESTAR* y el gerundio.**

1. Cecilia .... *(navegar)* por Internet.
2. Yo .... *(hacer)* la comida.
3. Neus .... *(repetir)* la lección.
4. Marta y Lucía .... *(hablar)*.
5. ¿Tú .... *(escuchar)* la radio?
6. Nosotras ya .... *(desayunar)*.
7. ¿Vosotros .... *(imprimir)* el documento?
8. Nosotros .... *(completar)* este cuadro.

3c. **Completa con el Presente o con *ESTAR* + gerundio.**

1. Las tiendas .... *(abrir)* a las 9 y media.
2. Mira, ya .... *(abrir/ellos)* la panadería. Vamos a comprar pan.
3. .... *(ser/ella)* de Quito, pero ahora .... *(vivir/ella)* en Cuzco.
4. – ¿En qué .... *(trabajar/tú)*?
   • .... *(trabajar/yo)* en un banco.
5. – ¿Qué .... *(hacer)* ahora?
   • Juan y yo .... *(estudiar)*.
6. – ¿Dónde .... *(estar)* Juan?
   • .... *(trabajar)*.
7. – ¿Puedes venir un momento?
   • No puedo .... *(hablar)* por teléfono.
8. Normalmente................. *(hablar/ellos)* en portugués. Pero ahora .... *(hablar)* en español con sus alumnos.

4a. **Observa.**

Mi casa | Mis perros | Nuestros hijos | Nuestra casa

Una persona		Varias personas	
Una cosa	Varias cosas	Una cosa	Varias cosas
mi	*mis*	*nuestro, a*	*nuestros, as*
tu	*tus*	*vuestro, a*	*vuestros, as*
su	*sus*	*su*	*sus*

4b. **Completa con el posesivo de la persona indicada.**

(Nosotros) Es nuestro amigo.

1. *(Ellos)* Es .... país.
2. *(Nosotras)* Es .... autobús.
3. *(Ustedes)* Es .... profesora.
4. *(Yo)* Son .... naranjas.
5. *(Tú)* ¿Es .... número de teléfono?
6. *(Vosotros)* Es .... dirección.
7. *(Usted)* ¿Son .... compañeros?
8. *(Ella)* Es .... desayuno.

4c. **Completa las frases como en el ejemplo.**

Daniela es mexicana. Su país es México.

1. Roberto es brasileño. ....
2. Tú y yo somos franceses. ....
3. Eres italiano. ....
4. Mis amigas son alemanas. ....
5. Sois japoneses. ....
6. Soy español. ....
7. Somos ingleses. ....
8. Eva y Paloma son chilenas. ....

1. Pregunta a todos tus compañeros cuántos años tienen y cuándo es su cumpleaños. Completa el cuadro.

Nombre	Edad	Día	Mes
Miguel	21	26	Julio

2. Observa el cuadro e indica las horas en los países.

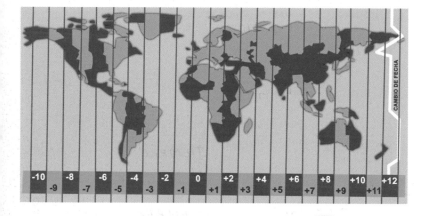

Si aquí son las 5 y media, ¿qué hora es en...?

3. Pregunta a tu compañero su horario de trabajo o de clases.

Tú trabajas, ¿verdad?

¿Cuál es tu horario?

Sí.

De 8 y media de la mañana a una y media.

4. Elige un nombre para cada persona y tu compañero lo adivina.

Enrique - Jorge - Samuel - Elena - Natalia - Daniel - Carlos

Daniel está escuchando música.

5. ¿Qué estoy haciendo? Juego de mímica: simula una acción y los demás adivinan.

¿Qué estoy haciendo?

Estás comiendo.

Fiestas populares de España

📖 **1. Lee el texto y relaciona con las imágenes.**

Los Sanfermines	Es la fiesta más conocida de España. Empieza el 7 de julio. Por la mañana, los jóvenes corren delante de los toros por las calles de Pamplona hasta la plaza.
La Feria de Abril	Es una fiesta de mucha alegría y mucha música flamenca. La ciudad de Sevilla se llena de colores.
Las procesiones de Semana Santa	Son una unión de arte y religión. Las imágenes religiosas salen a las calles. Las procesiones de Sevilla y de Valladolid son las más famosas.
Las Fallas	En la noche del 19 de marzo en las calles y plazas de Valencia se queman grandes monumentos de cartón. Así saludan a la primavera, con fuego.
El Carnaval	En febrero llega esta fiesta muy popular en varias ciudades del país, como en Santa Cruz de Tenerife y en Cádiz. Es la fiesta de los disfraces.
Nochevieja	A las doce de la noche del 31 de diciembre los españoles toman doce uvas, una por cada campanada del reloj de la Puerta del Sol de Madrid, como signo de buena suerte para el Año Nuevo.
El día de Reyes	La noche del 5 de enero los tres Reyes Magos entran en las casas para traer a los niños los regalos

✏️ **2. Completa el cuadro.**

Fiesta	Ciudad	Fecha	Una palabra clave
Los Sanfermines	Pamplona	7 de julio	toros

💬 **3. ¿Cuáles son las fiestas más importantes de tu país?**

1. La fiesta de cumpleaños. Observa la escena.

a. ¿De quién es el cumpleaños? ¿Cuántos años cumple?

b. ¿Qué hora es?

c. Di qué está haciendo cada persona.

d. ¿Quién dice estas frases?

1. ¡Feliz cumpleaños!
2. Hola, bienvenido a la fiesta.
3. Muchas gracias. ¿Qué es esto?
4. ¿Quieres limonada?
5. Estoy en una fiesta de cumpleaños.

2. El regalo es un viaje. Indica la fecha, la hora y el lugar.

Taller de Internet: de fiestas

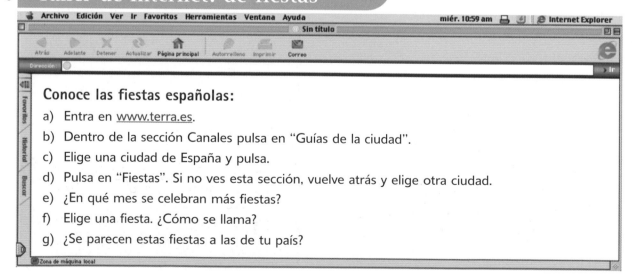

Conoce las fiestas españolas:

a) Entra en www.terra.es.
b) Dentro de la sección Canales pulsa en "Guías de la ciudad".
c) Elige una ciudad de España y pulsa.
d) Pulsa en "Fiestas". Si no ves esta sección, vuelve atrás y elige otra ciudad.
e) ¿En qué mes se celebran más fiestas?
f) Elige una fiesta. ¿Cómo se llama?
g) ¿Se parecen estas fiestas a las de tu país?

1a. Las expresiones para hablar del tiempo:

¿Qué hora es? / ¿Tienes hora?	Son las...
¿A qué hora...?	A las...
¿Qué día es...?	Hoy es...

1b. Para informarte de datos personales:

¿Cuántos años tienes?	Tengo...
¿Cuándo es tu cumpleaños?	Es el...

1c. Y para felicitar: ¡Felicidades! ¡Muchas felicidades! ¡Feliz cumpleaños!

2a. Los números: veinte, veintiuno, veintidós..., treinta, treinta y uno, treinta y dos...

2b. Los meses del año: enero, febrero, marzo, abril, mayo, junio, julio, agosto, septiembre, octubre, noviembre, diciembre.

2c. Los días de la semana: lunes, martes, miércoles, jueves, viernes, sábado y domingo.

3a. Presentes irregulares (E > I):

	Pedir
Yo	pido
Tú	pides
Él, ella, usted	pide
Nosotros, as	pedimos
Vosotros, as	pedís
Ellos, ellas, ustedes	piden

3b. La formación del gerundio:

Verbos –AR	Verbos –ER o –IR
+ ANDO	+ IENDO
(hablar: hablando)	(beber: bebiendo)
	(vivir: viviendo)
Algunos gerundios irregulares	
decir	diciendo
dormir	durmiendo
pedir	pidiendo
poder	pudiendo
sentir	sintiendo
ser	siendo

3c. Para decir lo que una persona hace en el momento de hablar:

	Estar	
Yo	estoy	
Tú	estás	
Él, ella, usted	está	+ gerundio
Nosotros, as	estamos	
Vosotros, as	estáis	
Ellos, ellas, ustedes	están	

3d. Y los posesivos:

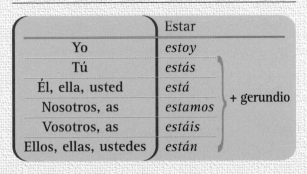

Una persona		Varias personas	
Una cosa	Varias cosas	Una cosa	Varias cosas
mi	mis	nuestro, a	nuestros, as
tu	tus	vuestro, a	vuestros, as
su	sus	su	sus

1. Lee este anuncio y escribe el nombre de las partes de la casa.

Buscamos estudiante joven para compartir casa de dos pisos con jardín, tres habitaciones con terraza, dos cuartos de baño, cocina y salón, garaje. Zona tranquila, a 2 Km del centro de Madrid. Raquel. Teléfono: 914306219. raquel@ya.es

habitaciones

....

....

salón

2. Escucha y completa los nombres de las partes de la casa y los miembros de la familia.

LOLA: Hola, Raquel. Mira, esta es mi madre. Mamá, esta es Raquel, la compañera de la casa.

RAQUEL: Hola.

JULIA: Encantada, Raquel. ¿Dónde pongo esta lámpara?

RAQUEL: De momento, allí, al lado del sofá o encima del sillón.

LOLA: ¿Te gusta la casa, mamá? Aquí abajo están el .... y el comedor. A la izquierda está la .... y a la derecha hay un cuarto de .... pequeño.

JULIA: El .... me gusta, es muy bonito. ¿Y las habitaciones?

LOLA: Están arriba.

MARIO: ¡Aquí está la cama de mi .... Lola!

JAVIER: ¡Y aquí está la mesa de mi .... Lola!

ÓSCAR: ¡Y aquí está la silla de mi tía Lola!

LOLA: ¡Papá, Mario, Óscar, por favor! Siempre están jugando.

RAQUEL: Son muy simpáticos.

LOLA: El alto es Mario, mi .... Javier es mi .... y el pequeño es mi sobrino, el .... de Mario.

RAQUEL: ¡Hola a todos!

TODOS: ¡Hola!

LOLA: ¿Subimos a las ...., mamá? Mira, ahí al final del pasillo está el .... de baño. Y esta es mi ....

JULIA: Me gusta, es grande. ¡Y hay una ....!

RAQUEL: Sí, es alegre, pero pequeña.

1. ¿Qué oyes?

1. ⬤ ¿Dónde pongo esta lámpara?
   ⬤ ¿Dónde pones la lámpara?
2. ⬤ El salón me gusta.
   ⬤ El salón no me gusta.
3. ⬤ Aquí está la cama.
   ⬤ Allí está la cama.
4. ⬤ Este es mi sobrino.
   ⬤ Ese es mi sobrino.
5. ⬤ Esta es mi habitación.
   ⬤ Está mi habitación.

2. Di si es verdadero (V) o falso (F).

1. ⬤ Raquel y Lola son compañeras de casa.
2. ⬤ Las habitaciones están abajo.
3. ⬤ A la madre de Lola no le gusta el salón.
4. ⬤ En el salón hay un sofá.
5. ⬤ Mario es alto.
6. ⬤ El sobrino de Lola se llama Óscar.
7. ⬤ En la casa hay dos cuartos de baño.

3a. Lee el texto sobre la familia de Lola.

Esta es la foto de mi familia. Somos ocho. Yo soy la chica delgada y estoy entre mi padre y mi madre, se llaman Javier y Julia. Mi padre es el de gafas. Es muy simpático.

A la derecha de mi padre están mis abuelos, Dolores y Pascual, son los padres de mi madre. Son ya mayores, pero muy alegres. El chico alto, guapo y de bigote es mi hermano Mario. Lucía, la mujer rubia, es su esposa, mi cuñada. Es una mujer muy inteligente. Es profesora en la universidad. Ellos tienen un hijo de siete años: es mi sobrino Óscar. Es muy divertido.

3b. Completa las frases.

> hermano/a – tío/a – cuñado/a – nieto/a –
> abuelo/a – madre – hijo/a – esposo/a

1. Julia es la .... de Javier.
2. Julia y Javier son los .... de Óscar.
3. Lucía es la .... de Óscar.
4. Lola y Mario son ....
5. Lola es la .... de Óscar.
6. Lola y Mario son los .... de Dolores y Pascual.
7. Lucía y Lola son ....
8. Julia es .... de Dolores y Pascual.

3c. ¿Cómo son? Relaciona.

a. Mario es...   1. rubia y muy inteligente.
b. Óscar es...   2. gafas.
c. Javier, Mario y Óscar son...   3. simpáticos.
d. Javier tiene...   4. muy divertido.
e. Lucía es...   5. alto y tiene bigote.

4. Haz el árbol de tu familia y explícalo.

1. Escucha y repite la pronunciación de las palabras siguientes.

> La letra **L** se pronuncia [l]

1. Lámpara   2. Hablamos   3. Árbol

> La letra **Y** se pronuncia [i] si va sola o al final de palabra

4. Y   5. Soy   6. Rey

> La letra **LL** y la **Y** (al principio de palabra o en el medio) se pronuncian [y]

7. Llamar   8. Llorar   9. Paella

10. Yo   11. Ayer   12. Uruguayo

2. Sonido [l]. Escucha y repite.

a. Novela   d. Lengua

b. Libro   e. Fundamental

c. Abril   f. Feliz

3. Sonido [y]. Escucha y repite.

a. Lluvia   d. Apellido   g. Desayuno

b. Llorar   e. Calle   h. Taller

c. Yegua   f. Playa   i. Yogur

4. Sonido [i]. Escucha y repite.

a. Y   c. Voy   e. Hay

b. Rey   d. Estoy   f. Paraguay

5. Contraste [l] y [y]. ¿Qué oyes?

a. ⬭ Loro   b. ⬭ Alá
   ⬭ Lloro   ⬭ Allá

c. ⬭ Polo   d. ⬭ Vale
   ⬭ Pollo   ⬭ Valle

6. Contraste [l] y [r]. Escribe 1 ó 2 según el orden en que lo escuchas.

a. ⬭ Hola   b. ⬭ Pala
   ⬭ Hora   ⬭ Para

c. ⬭ Hablamos   d. ⬭ Abril
   ⬭ Abramos   ⬭ Abrir

7. Piensa en otras palabras y díctaselas a tu compañero.

La casa y adjetivos de descripción

1a. Lee y después escribe en el plano de la casa las partes de este piso.

Me gusta mi nuevo piso. Está en el sexto, pero el edificio tiene ascensor. La habitación pequeña está enfrente de la entrada. Sigues por el pasillo y a la derecha está la habitación grande y después un cuarto de baño. Al final está la cocina. Al final del pasillo, a la izquierda, están el salón y el comedor. Hay otra habitación más y otro cuarto de baño.

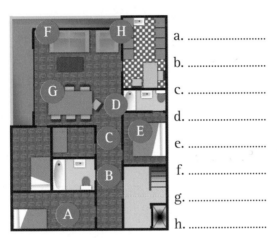

a. ....

b. ....

c. ....

d. ....

e. ....

f. ....

g. ....

h. ....

1b. Relaciona estas palabras con los dibujos.

> mesa, sillón, estantería, lámpara, silla, sofá, cama, planta, armario.

....

....

....

....

....

....

2a. Observa las imágenes y relaciona los contrarios.

 A

 1

delgado, a   viejo, a

 B

 2

alto, a   moreno, a

 C

 3

joven   gordo, a

 D

 4

rubio, a   feo, a

 E

 5

guapo, a   bajo, a

2b. Relaciona.

 A

 1

simpático, a   aburrido

 B

 2

inteligente   antipático, a

 C

 3

divertido, a   tonto, a

2c. Describe a una persona de la clase. Tus compañeros adivinan quién es.

9.02.09

👁 1a. Observa:

There is
are

> HAY + un(o), una, unos, unas (+ sustantivo)
> *Hay una (mesa).*
> HAY + un(o), dos, tres... (+ sustantivo)
> *Hay dos cuartos de baño.*
> HAY + sustantivo
> *En mi habitación no hay terraza.*

> ESTÁ(N) + el, la, los, las + sustantivo
> *A la derecha está la cocina.*
> ESTÁ(N) + preposición
> *La mesa está a la derecha de la cama.*

1b. Completa con HAY o ESTÁ(N).

1. En esta calle **hay** dos restaurantes.
2. Cerca de aquí **está** la Puerta del Sol.
3. Al final del pasillo **está** la terraza.
4. En mi casa no **hay** animales.
5. ¿**Hay** una farmacia por aquí, por favor?
6. Mis sobrinos **están** en su habitación.
7. ¿Dónde **está** el cuarto de baño, por favor?
8. ¿**Hay** un estanco cerca, por favor? *newspapers, tabacco*
9. Las lámparas **están** encima de la cama.
10. **Hay** una habitación.

👁 2a. Observa.

Adverbios		Masculino	Femenino	Neutro
aquí	- lejos	este, estos	esta, estas	esto
ahí		ese, esos	esa, esas	eso
allí	+ lejos	aquel, aquellos	aquella, aquellas	aquello

here aquí / There ahí / There allí

2b. Señala la respuesta correcta.

1. Mi casa es ...... de allí.
   esta
   aquello
   ✓ aquella

2. ¿Conoces a ...... persona de ahí?
   ese
   ✓ esa
   esta

3. ...... restaurante está aquí cerca.
   Eso
   ✓ Este
   Aquel

4. ...... de allí no son mis hijos.
   Aquellas
   Estos
   ✓ Aquellos

2c. Completa los diálogos con AQUÍ, AHÍ, ALLÍ.

1. • Mira, esa es mi hermana Lourdes.
   ○ ¿Cuál, aquella morena?
   • No, no. Esa de ....

2. • Aquella mujer de .... es mi madre.
   ○ ¿La rubia?
   • Sí, sí.

3. • ¿Comemos en aquel restaurante?
   ○ ¿En cuál, es ese de ....?
   • No, hombre. En aquel de ....

4. • ¿Qué es eso?
   ○ ¿El qué, esto?
   • No, no. Eso de ....

31, 12. reunirse 12 grapes to eat

3a. Observa.

Indirect object pronouns

	me		la casa.
(No)	te	GUSTA	este sofá.
	le		tu hermano.
	nos		las casas.
	os	GUSTAN	estos sofás.
	les		tus hermanos.

3b. Completa con *GUSTA* o *GUSTAN*.

1. A Lola le *gusta* su habitación.
2. A mí no me *gusta* el café.
3. A mis padres les *gusta* la terraza.
4. ¿Os *gustan* aquellas chicas?
5. No nos *gusta* el restaurante.
6. ¿A ti te *gustan* esas lámparas?

3c. Relaciona.

1. A mí ——————— a. Me
2. A Juan y a Pedro   b. Te
3. A usted   c. Le
4. A nosotras   d. Nos
5. A ti   e. Os
6. A ella   f. Les
7. A vosotros   g. Le

3d. Escribe el pronombre personal correcto: *ME, TE, LE, NOS, OS, LES*.

1. A nosotros *nos* gusta la playa.
2. ¿A ti *te* gusta mi sombrero?
3. A ella *le* gustan los chicos altos.
4. ¿A ustedes *les* gusta el cine?
5. A mis amigos *les* gustan las rubias.
6. A Luis no *le* gustan los aviones.

4a. Ordena los cuantificadores de más a menos.

3	Un poco	4	Nada
1	Mucho	2	Bastante

4b. Responde las preguntas.

1. ¿Te gusta el tango? ....
2. ¿Te gustan los deportes? ....
3. ¿Os gusta esta ciudad? ....
4. ¿Os gusta el cine? ....
5. ¿Os gustan las fiestas? ....
6. ¿Te gusta el café? ....

5a. Observa.

TAMBIÉN, TAMPOCO

- *A mí me gusta este sofá.*
- *A mí también.*
- *A mí no.*

- *No me gusta esta lámpara.*
- *A mí tampoco.*
- *A mí sí.*

5b. ¿Y a ti?

1. Me gusta la comida italiana. ....
2. No me gusta el fútbol. ....
3. Me gusta el rock. ....
4. No me gusta el cine romántico. ....
5. No me gusta el chocolate. ....
6. Me gusta el café. ....

Me gusta la comida mexicana
Me gusta caminar por el parque
los sabados.

1a. Relaciona.

 A — Es rubio.

Es moreno. —  B

 C — Tiene barba.

Tiene bigote. — D

 E — Lleva gafas.

Lleva sombrero. — F

1b. Piensa en una persona y tu compañero te hace preguntas para adivinarlo.

 1 — Dalí

 2 — Isabel Allende

 3 — Rigoberta Menchú

 4 — Vargas Llosa

5 — Penélope Cruz

6 — Jeniffer López

7 — Antonio Banderas

 8 — Ricky Martin

9 — Shakira

 10 — Enrique Iglesias

 11 — Pablo Picasso

 12 — García Márquez

Es + adjetivo	Es alto/a...
Tiene + sustantivo	Tiene el pelo largo, corto...
	Tiene bigote, barba...
Lleva + sustantivo	Lleva gafas, sombrero...

¿Es hombre o mujer?

Mujer.

¿Es rubia?

No, es morena.

1c. Descríbete a ti mismo. Después mezclamos las descripciones. Elige una y léela. ¿Quién es?

¿Cómo te ves?

Soy un hombre joven, alto y guapo. Soy inteligente, pero un poco aburrido.

2a. Dibuja tu casa y descríbelos.

TIENE	un salón, dos habitaciones, un mesa...
ES	grande, pequeño, alegre...
HAY	una cocina, dos sillas, una terraza...
El/la/los/las + sustantivo ESTÁ(N)	en, cerca de, al lado de...

2b. Describe tu habitación y tu compañero la dibuja al mismo tiempo.

En España	En América
piso, apartamento	departamento
habitación, cuarto	pieza
ascensor	elevador

Tu habitación

La habitación de tu compañero

La población étnica de América Latina

1. Lee el texto.

La población de América Latina crece muy deprisa, por eso la mayoría de sus habitantes son muy jóvenes: más del 30% tiene menos de 15 años. Estos son los habitantes por países:

Argentina	36.578.000	Nicaragua	4.983.000
Bolivia	8.143.000	Panamá	2.816.000
Chile	15.018.000	Paraguay	5.353.000
Colombia	41.566.000	Perú	25.662.000
Costa Rica	3.933.000	Puerto Rico	3.850.000
Cuba	11.159.000	Rep. Dominicana	8.364.000
Ecuador	12.411.000	Uruguay	3.313.000
El Salvador	6.159.000	Venezuela	23.704.000
Guatemala	11.090.000		
Honduras	6.316.000	**Total**	**327.789.000**
México	97.367.000		

Con la llegada de los españoles a América empezó la mezcla de etnias. Estos son los grupos étnicos más importantes de América Latina:

Indios: son de origen asiático. En Guatemala, Ecuador, Perú, Bolivia y México son muy numerosos.

Blancos: de origen europeo. Son mayoría en Argentina, Uruguay, Chile y Costa Rica.

Mestizos: mezcla de indio y blanco. Es el grupo más numeroso en Nicaragua, Honduras, El Salvador, Venezuela y Paraguay.

Negros: los europeos los llevaron de África a América como esclavos. Viven sobre todo en Cuba, Puerto Rico, República Dominicana y Colombia.

Mulatos: mezcla de negro y blanco.

2. Localiza los países en el mapa de este libro e indica dónde están.

3. ¿Qué país tiene más habitantes?

4. Di si es verdadero (V) o falso (F).

La mayoría de los habitantes de América Latina son jóvenes.

Los padres de un mulato son de origen indio y negro.

En Guatemala viven muchos indios.

Los negros llegaron a América desde Asia.

En Cuba hay muchos mulatos y negros.

La mayoría de los chilenos son mestizos.

Los padres de una mestiza son de origen indio y blanco.

👁 **1. Observa la imagen.**

ACADEMIA
DE
IDIOMAS

Correos y
Telégrafos

💬 **a. Describe un piso. ¿Qué hay?**

💬 **b. Elige a una persona, di cómo es y qué está haciendo.**

📖 **c. Buscas piso y encuentras estas dos ofertas. Compáralos. ¿Cuál te gusta más? ¿Por qué?**

INMOBILIARIA
VENTA

▶ **PISOS**

ATOCHA, piso 4 dormitorios, salón, cocina, 2 baños, 2 terrazas, amueblado, muy soleado, ascensor, junto al metro. Comunidad incluida.
Precio: 990 euros.
Telf.: 806 51 55 06.

AUSTRIAS, piso 100 m^2, 2 dormitorios, salón, cocina, 2 baños completos, exterior, muy luminoso, aire acondicionado, calefacción individual, ascensor, nueva construcción lujo, 4 balcones. Precio: 1.440 euros.
mariao@yahoo.es Telf.: 770 72 44 34.

Taller de Internet

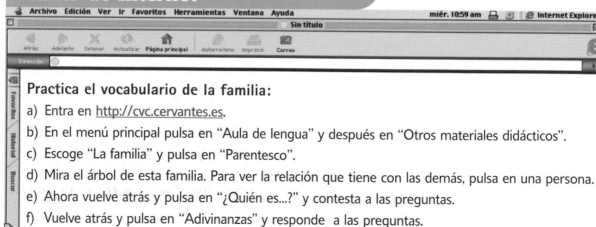

Archivo Edición Ver Ir Favoritos Herramientas Ventana Ayuda   miér. 10:59 am 🖨 Internet Explorer

Sin título

Atrás Adelante Detener Actualizar Página principal Autorrelleno Imprimir Correo

Dirección

Practica el vocabulario de la familia:

a) Entra en http://cvc.cervantes.es.

b) En el menú principal pulsa en "Aula de lengua" y después en "Otros materiales didácticos".

c) Escoge "La familia" y pulsa en "Parentesco".

d) Mira el árbol de esta familia. Para ver la relación que tiene con las demás, pulsa en una persona.

e) Ahora vuelve atrás y pulsa en "¿Quién es...?" y contesta a las preguntas.

f) Vuelve atrás y pulsa en "Adivinanzas" y responde a las preguntas.

Zona de máquina local

1a. Las expresiones para ubicar objetos:

> ¿Dónde está... ?   Está en...
>
> ¿Hay un / a... ?   Hay un / a...
>
> ¿Dónde pongo... ?

1b. Y para expresar gustos:

> (No) me gusta mucho / bastante
> un poco / nada

2a. Los miembros de la familia: el hermano, el tío, el cuñado, el nieto, el abuelo, la madre, el padre, el hijo, la esposa, el marido, etc.

2b. Las partes de la casa: la habitación, la entrada, el pasillo, el cuarto de baño, el salón, el comedor, la cocina, la terraza, etc.

2c. Los muebles: la mesa, el sillón, la estantería, la lámpara, el escritorio, la silla, el sofá, la cama, el armario, etc.

2d. Los adjetivos de descripción física: delgado, viejo, alto, moreno, joven, gordo, rubio, feo, guapo, bajo, etc.

2e. Los adjetivos de descripción del carácter: simpático, triste, antipático, divertido, tonto, inteligente, aburrido, etc.

3a. El contraste *HAY* y *ESTÁ(N)*:

> HAY + un(o), una, unos, unas (+ sustantivo)
> *Hay una (mesa).*
> HAY + un(o), dos, tres... (+ sustantivo)
> *Hay dos cuartos de baño.*
> HAY + sustantivo
> *En mi habitación no hay terraza.*

> ESTÁ(N) + el, la, los, las + sustantivo
> *A la derecha está la cocina.*
> ESTÁ(N) + preposición
> *La mesa está a la derecha de la cama.*

3b. El verbo *GUSTAR*:

(No)	me te le	GUSTA	la casa. este sofá. tu hermano.
	nos os les	GUSTAN	las casas. estos sofás. tus hermanos.

3c. Los adverbios de lugar y los demostrativos:

Adverbios		Masculino	Femenino	Neutro
aquí	- lejos	*este, estos*	*esta, estas*	*esto*
ahí		*ese, esos*	*esa, esas*	*eso*
allí	+ lejos	*aquel, aquellos*	*aquella, aquellas*	*aquello*

1. Escucha y señala los dibujos relacionados con la vida de esta persona.

PRESENTADOR: Señoras, señores.

Aquí empieza ¡"La Noche de Reinaldo"!

HUMORISTA: Buenas noches. Muchas gracias. Muchas gracias. ¡Qué mala suerte!

¡Qué mala suerte! ¡Qué mala suerte! No, no por favor, sin risas.

Yo no soy normal. Todos los días me pasa algo. Algo malo, claro...

📼 1. ¿Qué oyes?

1. ◖ Por favor, sin risas.
   ◖ Por favor, sonrisas.

2. ◖ Nació el 20 de julio.
   ◖ Nací el 20 de julio.

3. ◖ También fue la primera vez.
   ◖ También fui la primera vez.

4. ◖ Me compré una moto.
   ◖ Me compró una moto.

5. ◖ Le duele la cabeza.
   ◖ Me duele la cabeza.

✎ 2. Relaciona las frases con los dibujos.

1. Me saqué el carné de conducir.
2. El hombre pisó la Luna.
3. Me caí de la cuna.
4. Conduce mi mujer y yo me siento detrás.
5. Me rompí un brazo y una pierna.
6. Siniestro total.

A

B

C

D

E

F

📼 3. Marca los años en el orden en que los escuches.

◖ 1969: mil novecientos sesenta y nueve.

◖ 1991: mil novecientos noventa y uno.

◖ 1997: mil novecientos noventa y siete.

✎ 4. Relaciona las columnas. Después escribe la biografía de Reinaldo.

a. En 1969	1. me licencié.
b. En 1991	2. tuve un accidente grave.
c. A los 16 años	
d. Primero	3. trabajé en un hospital.
e. En el año 1997	
f. Después del pueblo	4. trabajé de médico en un pueblo.
	5. me casé.
	6. nací.

Biografía:

....
....
....

💬 5. Cuenta tu vida en pocas palabras.

> nací – de pequeño viví – estudié –
> trabajé – me casé...

....
....
....
....
....
....

1. Escucha y repite.

> Normalmente, las palabras terminadas en consonante (excepto **N** y **S**) llevan el acento tónico en la última sílaba.

1. Hos-pi-**tal**   2. Mu-**jer**   3. Fe-**liz**

> Y, de no ser así, llevan un acento escrito (o tilde) en la sílaba donde está el acento tónico.

4. Re-ga-**ló**   5. Sa-**lón**   6. De-**trás**

> Normalmente, las palabras terminadas en vocal, N y S llevan el acento tónico en la penúltima sílaba.

7. E-**jem**-plo   8. Com-**pra**-ron   9. **No**-ches

> Y, de no ser así, llevan un acento escrito (o tilde) en la sílaba donde está el acento tónico.

10. **Ár**–bol   11. Ca-**rác**–ter   12. **Lá**–piz

> Todas las palabras que llevan el acento tónico en la antepenúltima sílaba llevan tilde en esa sílaba.

13. **Mé**-di-co   14. **Mú**-si-ca   15. A-**mé**-ri-ca

2a. Subraya la sílaba tónica y clasifica las palabras en este cuadro.

a. Suerte
b. Aquí
c. Persona
d. Compraron
e. Regaló
f. Sábado
g. Plátano
h. Medicina
i. Hospital
j. Detrás
k. Niños
l. Teléfono

•●	●•

••●	•●•	●••

••●•	•●••

2b. Escucha y comprueba.

3. Escucha y pon la tilde si es necesario.

a. Martinez	g. Mecanico
b. Lunes	h. Actor
c. Autobus	i. Septimo
d. Abril	j. Feliz
e. Paquistani	k. Lampara
f. Facil	l. Sofa

4. ¿Qué oyes?

a.	Hablo / Habló	e.	Regalo / Regaló
b.	Carne / Carné	f.	Quito / Quitó
c.	Paso / Pasó	g.	Esta / Está
d.	Duro / Duró	h.	Ahorro / Ahorró

5. Dictado.

Números, momentos de la vida y el cuerpo humano

1a. Observa.

101 ciento uno	110 ciento diez	111 ciento once
150 ciento cincuenta		151 ciento cincuenta y uno
200 doscientos	300 trescientos	400 cuatrocientos
500 quinientos	600 seiscientos	700 setecientos
800 ochocientos	900 novecientos	1.000 mil
2.000 dos mil	5.000 cinco mil	10.000 diez mil

1b. Escribe en letras.

515 ....

984 ....

1.022 ....

2.476 ....

5.003 ....

9.257 ....

2a. Relaciona las ilustraciones con las expresiones. Hay tres momentos de su vida sin ilustración. ¿Cuáles son?

La vida de Doña Carlota

1. Divorciarse.
2 2. Crecer.
4 3. Empezar a trabajar.
4. Morirse.
7 5. Tener hijos.
6 6. Casarse.
8 7. Jubilarse.
8. Volver a casarse.
9. Nacer.
10. Licenciarse.
5 11. Enamorarse.
3 12. Estudiar en la universidad.

6

3

12

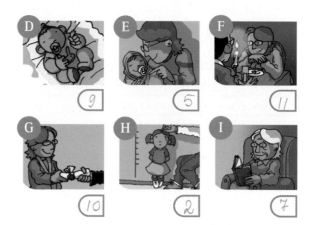

D — 9
E — 5
F — 11
G — 10
H — 2
I — 7

2b. Con las palabras y expresiones del ejercicio anterior inventa la vida de doña Carlota.

Doña Carlota nació y creció en La Habana. En 1953 entró en la universidad para estudiar Medicina. En 1960 se licenció empezó a trabajar, se enamoró, se casó, tuvo hijos, se jubiló.

3. ¿Qué le duele? Escribe las partes del cuerpo.

el estómago - la muela - el brazo - el pie - la mano - la pierna - la cabeza - el oído - el ojo - la garganta

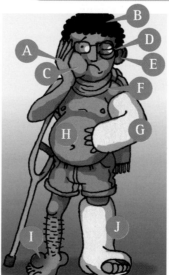

a. la mano
b. la cabeza
c. las muelas
d. el ojo
e. el oído
f. la garganta
g. el brazo
h. el estómago
i. el pie
j. la pierna

1a. Observa.

Terminaciones del Pretérito Indefinido regular	
Verbos en –AR	Verbos en –ER y en –IR
–é	–í
–aste	–iste
–ó	–ió
–amos	–imos
–asteis	–isteis
–aron	-ieron

1b. Completa el cuadro.

Hablar	Beber	Vivir
hablé	bebí	viví
hablaste	bebiste	viviste
habló	bebió	vivió
hablamos	bebimos	vivimos
hablasteis	bebisteis	vivisteis
hablaron	bebieron	vivieron

1c. Completa las frases con el Pretérito Indefinido.

1. Mis padres .... toda la vida en Barcelona *(vivir)*.
2. Yo .... el 26 de febrero de 1964 *(nacer)*.
3. Mi hija .... Medicina, pero después .... Derecho *(comenzar)* *(estudiar)*.
4. Usted .... de médico en un pueblo, ¿no? *(trabajar)*.
5. El año pasado tú .... 50 años *(cumplir)*.
6. Hola Juan, ¿qué tal? ¿Te .... *(casar)*?
7. Mi madre .... en dos días *(curarse)*.

2a. Pretéritos Indefinidos irregulares. Completa el cuadro.

Ser/ir	Estar	Tener	Hacer
fui	estuve	tuve	hice
fuiste	estuviste	tuviste	hiciste
fue	estuvo	tuvo	hizo
fuimos	estuvimos	tuvimos	hicimos
fuisteis	estuvisteis	tuvisteis	hicisteis
fueron	estuvieron	tuvieron	hicieron

2b. ¿Qué hicieron ayer? Observa los dibujos y completa el cuadro.

Por la mañana	Por la tarde	Por la noche
se levantaron	....	....
....	....	....
....	....	

2c. Escribe el Indefinido de estos verbos en la persona indicada.

a. Estar *(yo)* ....
b. Beber *(nosotros)* ....
c. Hacer *(usted)* ....
d. Estudiar *(tú)* ....
e. Vivir *(ella)* ....
f. Caerse *(ellos)* ....
g. Tener *(vosotras)* ....
h. Levantarse *(yo)* ....
i. Trabajar *(yo)* ....
j. Ser *(tú)* ....
k. Hablar *(usted)* ....
l. Desayunar *(tú)* ....

3a. Observa.

DOLER		
Me		la cabeza
Te	DUELE	la pierna
Le		el estómago
Nos		las muelas
Os	DUELEN	los oídos
Les		los pies

3b. Escribe frases con *DUELE* o *DUELEN* debajo de cada dibujo.

 1. le duele la cabeza

2. le duele el estómago

 3. le duele la espalda

 4. le duelen las oídos

 5. le duele el brazo

 6. le duelen las muelas

 7. le duelen los ojos

 8. le duelen las piernas

 9. le duelen las manos

 10. le duele la pierna

3c. Completa con *DUELE* o *DUELEN*.

1. A Reinaldo le __duele__ la cabeza.

2. Me __duelen__ los pies. ¿Nos sentamos?

3. Voy a la farmacia, que a mi madre le __duele__ mucho la espalda.

4. ¿Te __duele__ algo? Tienes mala cara.

5. Jesús y María comieron algo malo y les __duele__ el estómago.

6. ¿A ti no te __duelen__ los oídos con esta música tan alta? Bájala un poco, hombre.

7. Le __duelen__ las piernas de no andar.

8. Está en el dentista porque le __duelen__ las muelas.

4a. Observa.

FRASES EXCLAMATIVAS	
¡Qué (+ adjetivo) + sustantivo!	¡Qué (mala) suerte!
¡Qué + adjetivo (+ verbo)!	¡Qué bonito (es)!
¡Qué + sustantivo (+ verbo)!	¡Qué calor (tengo)!
¡Qué + adverbio (+ verbo)!	¡Qué bien (trabaja)!

4b. Escribe una frase exclamativa para cada situación.

¡Qué dolor!	¡Qué guapa es!
¡Qué pena!	¡Qué mal escribe!
¡Qué gran sorpresa!	¡Qué buena suerte!
¡Qué bonitos son!	¡Qué frío hace!

1. No entiendo la letra de mi hijo. ¡Qué mal escribe!

2. Heredó mucho dinero de su abuelo. ¡Qué buena suerte!

3. Se rompió la pierna esquiando. ¡Qué dolor!

4. Tiene los ojos azules. ¡Qué bonitos son!

5. La temperatura es de 5º C bajo cero. ¡Qué frío hace!

6. Su tío murió el año pasado. ¡Qué pena!

7. Todos los hombres miran a Sofía. ¡Qué guapa es!

8. Ayer me encontré con un viejo amigo. ¡Qué gran sorpresa!

¡El mundo es un pañuelo!

1a. Pregunta a tu compañero cosas de su vida y escribe los datos.

¿Cuándo naciste?

Nací en 1970.

¿Cuándo terminaste los estudios?

Hace dos años.

¿Y cuándo te casaste?

A los 27 años.

adverbios	el / la + sustantivo	hace + sustantivo	en + año o sustantivo
ayer	el lunes	hace una hora	
anoche	el sábado	hace un rato	en 1990
anteayer	el otro día	hace tiempo	en abril
anteanoche	el mes/año	hace días	en julio
	pasado	hace meses	
	el día 10	hace años	
de + adjetivo o sustantivo	a los X años	cuando + Indefinido	al + infinitivo
de pequeño	a los 3 años	cuando nací	al nacer
de niño	a los 9 años	cuando fue	al cumplir
de joven		cuando salí	30 años

1b. Ahora escribe su vida.

Primero	Entonces
Luego / después	Por último
Pero	Al final

2. Formamos dos grupos. Con tu grupo escribe diez preguntas sobre hechos históricos. ¿Saben tus compañeros las respuestas?

- ¿En qué año fue la Revolución Francesa?
- En 1789.
- ¿Cuándo ganó Argentina su segunda Copa del Mundo?
- En 1986.

3. Observa la historia clínica y responde a las preguntas.

➕ **Insalud**

Apellidos: Martínez Sanz
Nombre: Agustín
Nº de historia clínica: 5678

HISTORIA CLÍNICA

Doctor: Aranguren...................... Fecha: ....

Datos personales
Edad: 30 Fecha de nacimiento: 04.06.73 Lugar: Córdoba
Estado civil: ☑soltero/a ☐casado/a
☐divorciado/a ☐viudo/a

Estudios: Licenciado. Profesión: Abogado.

Antecedentes personales
Alergias a los 10 años, operación de rodilla en 1989.

Motivo de consulta
Dolor de cabeza y garganta, fiebre alta, tos y malestar general. ....

Exploración
Garganta irritada, fiebre. ....

Diagnóstico
Gripe. ....

Tratamiento
Aspirinas, antibiótico, vitamina. ....

1. ¿Cómo se llama el paciente?

2. ¿Cómo se llama el médico?

3. ¿Tuvo alguna operación?

4. ¿Qué le pasa? ¿Qué le duele?

5. ¿Tiene fiebre?

6. ¿Qué enfermedad tiene?

4. Haz un diálogo con tu compañero. Uno es un médico y el otro un paciente.

¿Qué le pasa?

No puedo dormir por las noches.

¿Le duele algo?

Los Premios Nobel de Literatura en español

📖 **1. Lee los textos y completa el cuadro.**

Vicente Aleixandre

Nació en Sevilla, España, en 1898.
Estudió Derecho y Comercio.
Fue un poeta de la Generación del 27.
Publicó su obra *La destrucción o el amor.*
Recibió el Premio Nobel de Literatura en 1977.

Miguel Ángel Asturias

Nació en la ciudad de Guatemala en 1889.
Estudió Derecho y fue diputado y embajador. Publicó su novela *El señor Presidente* en 1946. Murió en Madrid en 1974.
Recibió el Premio Nobel de Literatura en 1967.

Jacinto Benavente

Nació en Madrid, España, en 1866.
Fue un dramaturgo.
Publicó *La malquerida* y *Los intereses creados.*
Recibió el Premio Nobel de Literatura en 1922.

Camilo José Cela

Nació en el pueblo de Iria Flavia, España, en 1916. Tuvo varios empleos.
Publicó la famosa novela *La colmena* en 1949.
Recibió el Premio Nobel de Literatura en 1989.

José Echegaray

Nació en Madrid, España, en 1832.
Fue ingeniero de caminos, financiero y economista, político y dramaturgo.
Publicó *Mancha que limpiar.*
Recibió el Premio Nobel de Literatura en 1904.

Gabriel García Márquez

Nació en Aracataca, Colombia. Al terminar el Bachillerato, escribió en periódicos.
Publicó la famosa obra *Cien años de soledad.*
Recibió el Premio Nobel de Literatura en 1982, principalmente por sus novelas.

Juan Ramón Jiménez

Nació en Moguer, España, en 1881.
Vivió en Cuba, EE.UU y Puerto Rico.
Publicó *Platero y yo*, obra en prosa, pero él fue poeta.
Recibió el Premio Nobel de Literatura en 1956.

Gabriela Mistral

Su nombre verdadero fue Lucila Godoy.
Nació en 1889, en Vicuña, Chile.
Fue una incansable viajera.
Escribió *Desolación* y *Ternura.*
Recibió el Premio Nobel de Literatura en 1945.

Pablo Neruda

Nació en 1904 en Parral, Chile.
Escribió *Veinte poemas de amor y una canción desesperada.*
Recibió el Premio Nobel de Literatura en 1971.

Octavio Paz

Nació en Mixcoac, México, en 1914.
Formó parte del cuerpo diplomático de México. Escribió poemas y ensayos sobre la poesía.
Escribió *El laberinto de la soledad* y *Blanco.*
Recibió el Premio Nobel de Literatura en 1990.

Nombre	Año del premio	Nacionalidad	Una obra	Género literario
José Echegaray				
Jacinto Benavente				
Gabriela Mistral				
Juan Ramón Jiménez				
Miguel Ángel Asturias				
Pablo Neruda				
Vicente Aleixandre				
Gabriel García Márquez				
Camilo José Cela				
Octavio Paz				

Síntesis

1. Observa la imagen. Piensa en uno de los personajes e imagina por qué está aquí.

2. Formamos grupos de 4. Tira el dado, mueve la ficha y completa la frase de la casilla.

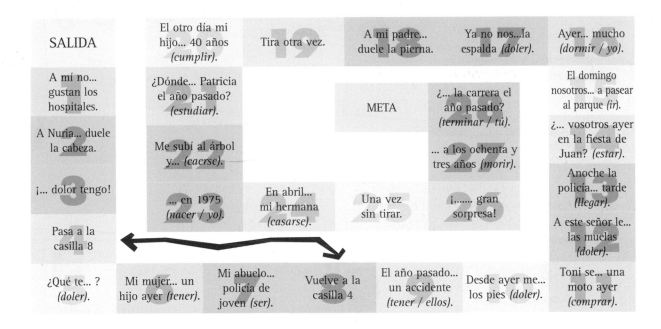

SALIDA

El otro día mi hijo... 40 años *(cumplir)*.

Tira otra vez.

A mi padre... duele la pierna.

Ya no nos...la espalda *(doler)*.

Ayer... mucho *(dormir / yo)*.

A mí no... gustan los hospitales.

¿Dónde... Patricia el año pasado? *(estudiar)*.

META

¿... la carrera el año pasado? *(terminar / tú)*.

El domingo nosotros... a pasear al parque *(ir)*.

A Nuria... duele la cabeza.

Me subí al árbol y... *(caerse)*.

... a los ochenta y tres años *(morir)*.

¿... vosotros ayer en la fiesta de Juan? *(estar)*.

¡... dolor tengo!

... en 1975 *(nacer / yo)*.

En abril... mi hermana *(casarse)*.

Una vez sin tirar.

¡...... gran sorpresa!

Anoche la policía... tarde *(llegar)*.

Pasa a la casilla 8

A este señor le... las muelas *(doler)*.

¿Qué te... ? *(doler)*.

Mi mujer... un hijo ayer *(tener)*.

Mi abuelo... policía de joven *(ser)*.

Vuelve a la casilla 4

El año pasado... un accidente *(tener / ellos)*.

Desde ayer me... los pies *(doler)*.

Toni se... una moto ayer *(comprar)*.

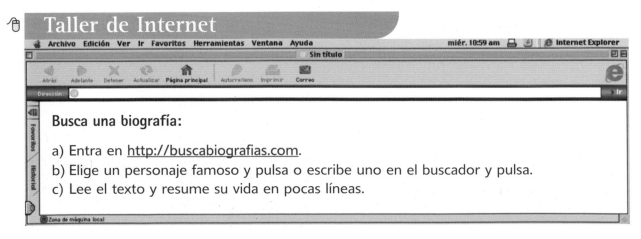

Taller de Internet

Busca una biografía:

a) Entra en http://buscabiografias.com.

b) Elige un personaje famoso y pulsa o escribe uno en el buscador y pulsa.

c) Lee el texto y resume su vida en pocas líneas.

1. Las expresiones para decir cuándo ocurrió un suceso pasado:

adverbios	el / la + sustantivo	hace + sustantivo	en + año o sustantivo	de + adjetivo o sustantivo	a los X años	cuando + Indefinido	al + infinitivo
ayer	el lunes	hace una hora	en 1990	de pequeño	a los 3 años	cuando nací	al nacer
anoche	el otro día	hace un rato	en abril	de niño	a los 9 años	cuando fue	al cumplir
anteayer	el mes pasado	hace tiempo	en julio	de joven		cuando salí	30 años
anteanoche							

2a. Los verbos para indicar momentos en la vida de una persona: nacer, estudiar,
licenciarse, trabajar, casarse, divorciarse, jubilarse, morirse, etc.

2b. Las partes del cuerpo: el estómago, las muelas, el brazo, los pies, las manos, la pierna,
la cabeza, los oídos, los ojos, etc.

3a. El Pretérito Indefinido regular:

−AR	−ER / −IR	
Hablar	Beber	Vivir
hablé	bebí	viví
hablaste	bebiste	viviste
habló	bebió	vivió
hablamos	bebimos	vivimos
hablasteis	bebisteis	vivisteis
hablaron	bebieron	vivieron

3b. El Pretérito Indefinido irregular:

Ser/ir	Estar	Tener	Hacer
fui	estuve	tuve	hice
fuiste	estuviste	tuviste	hiciste
fue	estuvo	tuvo	hizo
fuimos	estuvimos	tuvimos	hicimos
fuisteis	estuvisteis	tuvisteis	hicisteis
fueron	estuvieron	tuvieron	hicieron

3c. Las frases exclamativas:

¡Qué (+ adjetivo) + sustantivo!	¡Qué (mala) suerte!
¡Qué + adjetivo (+ verbo)!	¡Qué bonito (es)!
¡Qué + sustantivo (+ verbo)!	¡Qué calor (tengo)!
¡Qué + adverbio (+ verbo)!	¡Qué bien (trabaja)!

3d. El verbo *DOLER*:

Me		
Te	DUELE	+ sustantivo
Le		singular
Nos		+ sustantivo
Os	DUELEN	plural
Les		

1. Escucha y completa el diálogo con las frases del cuadro.

- ¿Pero no va a hacer frío?
- ¿Y si vamos a una casa rural?
- Pon la radio, anda.
- Tenemos que ver el tiempo.
- ¿Qué tal si...
- Es que...

GERARDO: ¿Todavía estás trabajando? Si son ya más de las nueve.

LETICIA: Sí. .... tengo que terminar esto hoy.

GERARDO: Trabajas demasiado. ¿Por qué no salimos este fin de semana?

LETICIA: Bueno. ¿Dónde podemos ir?

GERARDO: No sé. ¿............... vamos al campo o a algún sitio para descansar?

LETICIA: ....

GERARDO: ¡Buena idea!

LETICIA: Busca en Internet alguna dirección.

GERARDO: Muy bien, ahora mismo. Mira esta, es bonita, ¿no?

LETICIA: Sí, sí, ...

GERARDO: ¡Ah! No sé. .... Y si hace malo vamos mejor a una ciudad.

LETICIA: Sí, claro. Pero tenemos que decidir dónde vamos para hacer las reservas. ....

GERARDO: Voy.

2. Escucha el programa de radio y di a qué mapa corresponden las previsiones del tiempo.

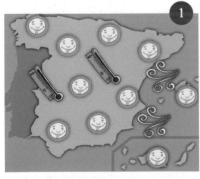

...el tiempo va a ser...

...tenemos que abrir los paraguas...

...buen tiempo...

1. ¿Qué oyes?

1. Trabajas demasiado.
   Trabaja demasiado.

2. Pon la radio.
   Pone la radio.

3. Va a entrar.
   Van a entrar.

4. Por el este.
   Por el oeste.

5. Va a llover mucho.
   Va a haber mucho.

6. Podemos ver el tiempo.
   Tenemos que ver el tiempo.

2. Relaciona las frases con los dibujos.

1. Llueve mucho.
2. Llueve poco.
3. Llueve bastante.
4. Llueve demasiado.
5. Hace mucho calor.
6. Trabaja demasiado.
7. Trabaja mucho.
8. Trabaja poco.
9. Estoy muy bien.
10. Estoy muy mal.

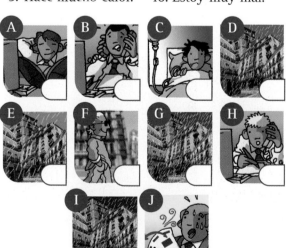

3. Ordena los adverbios de cantidad por orden creciente.

Muy / mucho   Poco

Demasiado   Bastante

4. Relaciona.

M Mañana   **H** Hoy   **A** Ayer

1. Llovió y estuvo nublado todo el día.
2. Está lloviendo un poco, pero hace calor.
3. Va a llover por la tarde.
4. Estás trabajando demasiado. Tienes que descansar.
5. Vas a trabajar mucho.
6. Trabajó mucho todo el día, el pobre.

5a. Relaciona.

1. Quedarse en casa.
2. Salir a pasear.
3. Llevar el paraguas.
4. Ir a la piscina.

5b. Escribe las frases como en el ejemplo.

Si hace frío, tienes que quedarte en casa.

6. Y hoy, ¿qué tiempo va a hacer?

1. Escucha y repite.

> Las vocales **A, E, O** son fuertes,
> y las vocales **I, U** son débiles.

> Cuando una vocal fuerte y una débil forman
> sílaba se llama **diptongo**.

1. Bue-no
2. Si-tio
3. Tiem-po
4. Ca-na-**rias**

> Hay diptongos con tilde
> sobre la vocal fuerte.

5. A-ma-ne-**ció**
6. Tam-**bién**
7. Miér-co-les
8. A-**diós**

> Se rompe el diptongo en dos sílabas
> si la vocal débil tiene el acento.
> Se escribe entonces la tilde sobre ella.

9. Frí-o
10. To-da-ví-a
11. Dí-a
12. Ra-úl

> Dos vocales débiles juntas siempre forman
> diptongo. Si llevan tilde, se pone
> sobre la segunda vocal.

13. Fui
14. Muy
15. Ciu-dad
16. Cons-truí

2. Separa estas palabras en sílabas.

a. Baleares
b. Llueve
c. Leticia
d. María
e. Demasiado
f. Buena
g. Soleado
h. Ciudadano
i. Fuimos
j. País
k. Serio
l. Gutiérrez

3. Escucha y pon la tilde si es necesario.

a. Estais
b. Viento
c. Viajar
d. Envio
e. Diario
f. Teneis
g. Viernes
h. Noviembre
i. Despues
j. Tia
k. Demasiado
l. Asturias

4. Escucha y completa con IA o con ÍA

a. Famil _ _
b. Histor _ _
c. Env _ _
d. Anunc _ _
e. Tranv _ _
f. Fer _ _
g. Rub _ _
h. Vac _ _
i. Lluv _ _
j. Cafeter_ _
k. Fotograf _ _
l. Ind _ _

5. ¿Qué oyes?

a. Hay / Ahí
b. Rey / Reí
c. Ley / Leí
d. Hoy / Oí

Las estaciones del año, el tiempo y actividades

1a. Relaciona las imágenes con las palabras y con las estaciones del año.

> sol – nubes – lluvia – niebla – nieve – tormenta – viento – altas temperaturas – bajas temperaturas

A   B   C   D   E

....

F   G   H   I

....

1b. Relaciona las estaciones del año con las fotos.

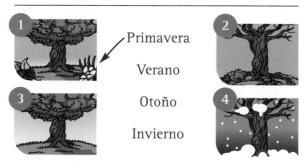

1   2   3   4

Primavera

Verano

Otoño

Invierno

1c. Lee y completa el diálogo con las palabras que faltan.

> nublado – tormenta – mal – bueno – tarde – llover – meteorológico – Y si

ALMUDENA: ¿.............. vamos a hacer 30 kilómetros?

PATRICIA: No sé. Hace .... tiempo.

ALMUDENA: Está ...., pero no va a ....

PATRICIA: Ayer el servicio .... habló de ....

ALMUDENA: Sí, pero por la .... Ahora el tiempo es .... ¿Salimos?

PATRICIA: Vale. Pero tenemos que volver pronto.

2a. Tres parejas van a salir. Lee la información y completa el cuadro.

Juego de lógica

- Paco va a ir a una ciudad europea en avión, pero no con Lourdes.
- Fernando y Esther van a ir en autobús y se van a alojar en un camping.
- Lourdes va a ir a la montaña en Semana Santa y se va a alojar en una casa rural.
- Rosana va a salir en Navidad para ver museos.
- Enrique va a salir para hacer excursiones y practicar deporte.

¿Quiénes?	¿Qué van a hacer?	¿Cuándo?	¿Cómo?	¿Dónde se alojan?
				En un hotel.
	Van a la playa a descansar.	En verano.		
			En bicicleta.	

2b. Propón una excursión para el fin de semana: medio de transporte, alojamiento, actividad.

> Vamos a ir a... y nos vamos a alojar en...

> Vamos a visitar...

D Gramática

IR A + infinitivo, TENER QUE + infinitivo. MUY, MUCHO

1a. Observa.

> **Para hablar del futuro**
> Mañana voy a salir de viaje.

IR A + infinitivo		
voy		entrar
vas		salir
va	a	estudiar
vamos		cenar
vais		...
van		

1b. Forma frases.

Yo / estudiar / Medicina. Voy a estudiar Medicina.

1. Nosotros / cenar / en un restaurante.
   ....

2. ¿Cuándo / tú / volver / a casa?
   ....

3. ¿Vosotros / ir / al cine?
   ....

4. Mañana / nosotros / no / trabajar.
   ....

5. Esta noche / ella / no / salir.
   ....

6. Mañana / yo / ir / al cine.
   ....

1c. Completa las frases con las expresiones.

> se va a tomar unas semanas de descanso –
> vamos a volver – van a invitar – voy a cerrar –
> se van a caer – voy a llamar

1. Está lloviendo, ... las ventanas.
2. En mayo .... a nuestro país.
3. Se puso enfermo por trabajar demasiado
   y ....
4. Los niños están muy cerca de la piscina,
   ....

5. Virginia y Adela .... a todas sus amigas a la fiesta.
6. Ya son las seis de la tarde, ... a un taxi para volver a casa.

2a. Observa.

MUY	MUCHO
muy + adjetivo adverbio	verbo + mucho
La terraza es muy alegre.	Trabajas mucho.
Estoy muy bien.	

2b. Completa con MUY o MUCHO.

1. Te quiero ....
2. Mi abuela está .... triste.
3. Me gusta .... esa película.
4. La temperatura es .... alta.
5. Anoche llovió .... en todo el país.
6. Todos mis amigos salen .... por las noches.
7. Llegó .... tarde a la cita.

3a. Observa.

> **Para expresar obligación o necesidad**
> El semáforo está rojo, tengo que parar.
> Vamos a salir, tenemos que comprar.

TENER QUE + infinitivo		
tengo		
tienes		ir
tiene	que	parar
tenemos		beber
tenéis		comprar
tienen		...

3b. Completa las frases con TENER QUE.

1. Si vamos de viaje, ... ver el tiempo.
2. Mis hijos .... estudiar el fin de semana.

4a. Observa.

IMPERATIVO			
Hablar	Beber	Vivir	
habla	bebe	vive	Tú
hable	beba	viva	Usted
hablad	bebed	vivid	Vosotros, as
hablen	beban	vivan	Ustedes

4b. Completa los cuadras con las formas del Imperativo.

Entrar	Leer	Abrir
entra	....	....
....	....	....
....	leed	....
....	....	abran

5a. Completa el cuadro.

Hacer	Poner	Decir
haz	pon	di
haga	....	diga
haced	poned	....
....	pongan	digan

Tener	Salir	Ir	Venir
ten	....	ve	....
tenga	salga	vaya	venga
tened	salid	id	....
....	salgan	....	vengan

5b. Completa las frases con las formas del Imperativo.

Señora Gómez, escriba su nombre aquí, por favor.

1. Mónica, ... la ventana, por favor *(abrir/tú)*.
2. Antes de empezar, ... las frases *(leer/vosotros)*.
3. Sonia y Laura, ... por favor *(venir)*.
4. Señor, ... por esta puerta *(entrar)*.
5. .... los deberes *(hacer/vosotros)*.

6. .... a todas las preguntas *(responder/ustedes)*.
7. .... a tu madre en la cocina *(ayudar/tú)*.
8. Aquí no puedes estar, ... ahora mismo *(salir)*.
9. .... a aquella mesa y .... a aquel señor *(ir - preguntar/usted)*.
10. .... las cajas en el suelo, por favor *(poner/vosotros)*.

5c. Escribe las instrucciones en Imperativo debajo de cada dibujo.

- Usar el cinturón de seguridad.
- Ir todo recto.
- Parar.
- Tener cuidado, zona escolar.
- Reducir la velocidad.

①

② STOP

....

③

④ 80

⑤

....

6. Completa el texto con las palabras que faltan.

tengo que - tenemos que – recuerda - voy a – termina

Mercedes, no te puedo esperar, ... ir a una reunión importante. .... tú sola el trabajo, por favor, porque .... volver tarde. ...., mañana es nuestro gran día y .... presentar el proyecto. Andrés

Hablar de planes y proponer actividades

1a. Haz una lista de qué cosas quieres hacer en el futuro.

Hacer planes	voy a + infinitivo
Expresar intenciones	pienso + infinitivo
Deseos	quiero + infinitivo

Yo quiero ir a vivir al extranjero y voy a buscar un trabajo...

1b. Ahora habla con tu compañero. A ver si tenéis proyectos parecidos.

Expresiones de tiempo futuro
Hoy - mañana - pasado mañana
La semana / el mes / el año que viene (próximo/a)
Dentro de una hora / semana / mes / año

Tú no estás casado, ¿no?

No.

¿Y piensas casarte?

Sí, un día. Dentro de mucho tiempo.

1c. Explica a la clase qué va a hacer tu compañero.

2a. Da instrucciones a estas personas para cambiar su vida.

2b. Mira la agenda y di lo que tiene que hacer esta persona durante la semana.

	Mañana	Tarde	Noche
Lunes	Felicitar a Elena		
Martes	Médico con mamá		
Miércoles	Comprar el sofá		Cena Sr. López
Jueves		Profesor de Iván	
Viernes	Examen conducir		
Sábado			Fiesta. Hugo
Domingo		Iván y Elena. Cine	

2c. Y tú, ¿qué tienes que hacer esta semana?

3. Vamos a organizar una actividad de fin de curso. Elige una, piensa qué se puede hacer y proponlo en la clase.

Proponer	Responder
	Muy bien.
¿Por qué no... ?	¡Estupendo!
¿Y si... ?	¡Qué buena /gran idea!
¿Qué tal si... ?	Mejor vamos a...
	No, no puedo. Es que...

esta for permanent location of a place
but people - gente - sing. III pers verb for not permanent facts

📖 **1. Lee el texto.**

El Camino de Santiago

En España hay un museo de más de ochocientos kilómetros por el norte de la Península Ibérica. Es el Camino de Santiago. A principios del siglo IX se descubrió aquí el sepulcro del Apóstol Santiago y desde entonces es lugar de peregrinación para millones de europeos.

Hoy es un atractivo turístico más de Galicia y del norte de España. En el año 2000 fueron a Santiago más de cincuenta mil personas de cien países diferentes. Pero en 2001 se superó esta cifra en un 15-20%.

Se llama peregrino a quien recorre al menos 100 kilómetros andando, a caballo o en bicicleta por el Camino de Santiago. El objetivo es llegar a la Catedral de Compostela y ver al Apóstol Santiago. Pero una vez allí, además, se puede disfrutar de uno de los centros más importantes de arte románico, gótico, renacentista y barroco del mundo. A lo largo de todo el camino los viajeros encuentran buenos alojamientos y restaurantes donde comer las especialidades de la cocina regional de las ciudades por las que se pasa. A la belleza de los monumentos se une la de los paisajes.

✎ **2. Responde a las preguntas.**

1. ¿Qué es un peregrino?
2. ¿Cuántos kilómetros tiene el Camino de Santiago?
3. ¿Cuándo se descubrió el sepulcro del Apóstol Santiago?
4. ¿Cuántos peregrinos hicieron el camino en el año 2000? ¿Y en el 2001?

💬 **3. En tu opinión, ¿qué es lo más interesante del Camino de Santiago?**

🗨 **4. Piensa en una ruta turística de tu país; explica cómo es y propón a la clase hacerla.**

1. Observa la imagen.

a. Describe el tiempo que hace.

b. Elige uno de los personajes, descríbelo e imagina qué planes tiene, qué va a hacer.

c. ¿Qué recomendaciones le das a tu personaje? Escríbelas.

d. Escribe un correo electrónico a un amigo o amiga y proponle una salida a esta casa rural.

Casa La llave

Casa Rural (4 habitaciones)
Hontoria - 33593 - Llanes - (Asturias)
985 44 44 22 - 985 40 79 62 (Fax)

Casa de piedra del siglo XIX.
Vistas de gran belleza.
Está cerca de los Picos de Europa y
rodeada de hermosas playas.

Taller de Internet

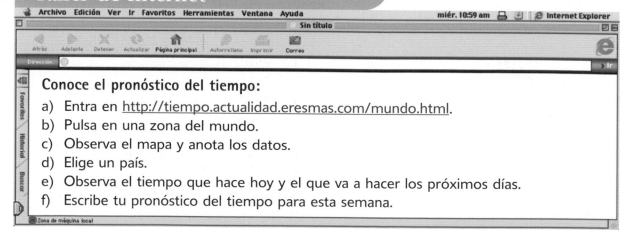

Conoce el pronóstico del tiempo:
a) Entra en http://tiempo.actualidad.eresmas.com/mundo.html.
b) Pulsa en una zona del mundo.
c) Observa el mapa y anota los datos.
d) Elige un país.
e) Observa el tiempo que hace hoy y el que va a hacer los próximos días.
f) Escribe tu pronóstico del tiempo para esta semana.

1a. Las expresiones para hablar del tiempo:

Hace sol - Hace calor - Hace frío - Hay nubes - Hay viento - Está soleado - Está nublado - Nieva - Llueve

1b. Las expresiones temporales de futuro:

mañana - pasado mañana - la semana / el mes / el año que viene (próximo/a)

dentro de una hora / semana / mes / año

1c. Y para proponer actividades:

Proponer	Responder	
	Muy bien.	¡Estupendo!
¿Por qué no... ? ¿Y si... ? ¿Qué tal si... ?	¡Qué buena /gran idea!	Mejor vamos a...
	No, no puedo. Es que...	

2a. Las palabras para hablar del tiempo y el clima: el sol, las nubes, la lluvia, la niebla, la nieve, la tormenta, el viento, las altas temperaturas, las bajas temperaturas, etc.

2b. Las estaciones del año: la primavera, el verano, el otoño, el invierno.

2c. Las palabras para hablar de excursiones y viajes: el hotel, el camping, la casa rural, el avión, el tren, el coche, visitar museos, hacer excursiones, etc.

3a. Para hablar de futuro, de planes y proyectos:

IR A + infinitivo

3b. El contraste entre *MUY* y *MUCHO*:

MUY + adjetivo   MUCHO + verbo
adverbio

3c. Para expresar la necesidad o la obligación:

TENER QUE + infinitivo

3d. El imperativo regular:

Hablar	Beber	Vivir
habla	*bebe*	*vive*
hable	*beba*	*viva*
hablad	*bebed*	*vivid*
hablen	*beban*	*vivan*

3e. Y el de algunos verbos irregulares:

Hacer	Poner	Decir
haz	*pon*	*di*
haga	*ponga*	*diga*
haced	*poned*	*decid*
hagan	*pongan*	*digan*

Tener	Salir	Ir	Venir
ten	*sal*	*ve*	*ven*
tenga	*salga*	*vaya*	*venga*
tened	*salid*	*id*	*venid*
tengan	*salgan*	*vayan*	*vengan*

1. Escucha, lee los diálogos y di qué imágenes corresponden con las preguntas.

a. ¿Dónde están?

b. ¿De qué museo hablan?

Museo del Prado (Madrid)

Museo Guggenheim (Bilbao)

1. **MÓNICA:** ¿Vamos este fin de semana a una playa del norte? Ahora hace buen tiempo.

SONIA: Yo prefiero una ciudad, la verdad.

MÓNICA: Pues nos alojamos en Bilbao. Tenemos playa y ciudad. Allí está el museo Guggenheim. Me encanta el arte moderno.

SONIA: ¡Uf! A mí no me gusta nada el arte moderno, Mónica.

MÓNICA: Bueno, pero hay otros museos. Vamos a buscar un hotel en la guía.

SONIA: ¿A ver? Mira este, tiene tres estrellas y garaje.

MÓNICA: Me gusta más este: está en el centro y también tiene garaje.

SONIA: Perfecto. ¿Y vamos en mi coche o en el tuyo? El mío es más grande. Y así pueden venir Diego y Vicente.

MÓNICA: No sé. Diego es simpático, pero Vicente es muy aburrido, ¿no?

SONIA: Bueno, pero es guapo. A mí me gusta mucho.

MÓNICA: Vale, vale, pues reserva dos habitaciones.

2. **RECEPCIONISTA:** Hotel Regina, ¿dígame?

SONIA: Buenas tardes, ¿tienen habitaciones libres para el fin de semana?

RECEPCIONISTA: ¿Cuántas? ¿Una doble?

SONIA: No, dos.

RECEPCIONISTA: Vamos a ver. Sí, no hay problema. Viernes y sábado, ¿no?

SONIA: Eso es. Perdone, ¿las habitaciones tienen aire acondicionado?

RECEPCIONISTA: Sí, claro, aire acondicionado, televisión, teléfono, minibar...

SONIA: Ah, perfecto.

RECEPCIONISTA: ¿A nombre de quién, por favor?

SONIA: De Sonia Carrasco.

RECEPCIONISTA: Pues, hasta el viernes, entonces.

SONIA: Adiós, buenas tardes.

c. ¿Adónde llaman?

2. Marca la respuesta correcta.

a. ¿Cuántos personajes intervienen?
    ◯ Tres mujeres.   ◯ Dos mujeres.   ◯ Dos mujeres y un hombre.

b. ¿Dónde van?
    ◯ A Benidorm.   ◯ A Buenos Aires.   ◯ A Bilbao.

c. ¿Quién llama por teléfono?
    ◯ Sonia.   ◯ Mónica.   ◯ Un recepcionista de hotel.

Haciendo una reserva

📼 1a. ¿Qué oyes?

1. Ahora hace buen tiempo.
   Ya no hace buen tiempo.

2. Mira este, tiene seis estrellas.
   Mira este, tiene tres estrellas.

3. Y si pueden venir Diego y Vicente.
   Y así pueden venir Diego y Vicente.

4. Diego es simpático.
   ¿Diego es simpático?

5. ¿Tienen habitaciones libres?
   ¿No tienen habitaciones libres?

6. ¿Cuántas dobles?
   ¿Cuántas? ¿Una doble?

1b. Di si es verdadero (V) o falso (F).

1. Sonia y Mónica van a salir el próximo fin de semana.
2. A Sonia le gusta la playa y a Mónica la ciudad.
3. Bilbao está cerca del mar.
4. El Guggenheim es un museo de arte moderno.
5. Se van a alojar en un hotel del centro de Bilbao, pero sin garaje.
6. Van a ir en el coche de Mónica.
7. Sonia reserva una habitación doble.
8. No hay problema en el hotel.
9. Las habitaciones no tienen aire acondicionado.
10. Sonia se apellida Carrasco.

📼 1c. Escucha otra vez y mira esta guía de hoteles. ¿En qué hotel se van a alojar?

HOTEL ☆☆
Gran Vía, 12. Madrid.
Tel.: 91 212 58 57.
Aire acondicionado - Teléfono Televisión - Minibar - Acceso minusválidos - Restaurante.

HOTEL ☆☆
Av. del Mediterráneo, 6. Bilbao.
Tel.: 94 587 45 89.
Garaje - Teléfono - Televisión Minibar.

HOTEL ☆☆☆
Calle Mayor, 26. Bilbao.
Tel.: 94 354 78 85.
Garaje - Teléfono - Televisión Minibar - Aire acondicionado.

HOTEL ☆☆☆
Plaza Santa Lucía, 54. Bilbao.
Tel.: 94 365 89 78.
Televisión - Aire acondicionado Garaje - Restaurante.

HOTEL ☆☆☆
Paseo de Santiago, 8. Benidorm.
Tel.: 96 258 74 85.
Sala de Conferencias - Teléfono Restaurante - Televisión.

HOTEL ☆☆☆
Av. de Mayo 1235. Buenos Aires.
Tel.: (54 11) 49 52 81 60.
Restaurante - Teléfono - Minibar Televisión.

👁 2a. Observa.

Al hablar, las palabras se unen cuando hay dos vocales juntas.
Está en el centro.
¿Tiene habitaciones libres?

Dos vocales iguales entre palabras se pronuncian como una sola.
Me encanta.

Si una de las vocales es tónica, el sonido es más largo.
Vicente es muy aburrido.

📼 2b. Escucha y marca las vocales que se unen.

1. Ahora hace buen tiempo.
2. Yo prefiero una ciudad.
3. Allí está el museo Guggenheim.
4. Diego es simpático.
5. Aire acondicionado.
6. Hasta el viernes, entonces.

3. Relaciona los diálogos con las imágenes.

1. • ¿Cuántas habitaciones?

   D

   ○ Una doble, por favor.

2. • ¿Tiene garaje?

   A

   ○ Sí, pero está completo.

3. • ¿Es un buen hotel?

   B

   ○ Sí, es de cuatro estrellas.

4. • ¿Hay aire acondicionado?

   C

   ○ Sí, en todas las habitaciones.

4. Pon en orden el siguiente diálogo.

2 ¿Para qué día?

10 Muy bien, pues hasta el viernes.

5 Necesito dos habitaciones dobles.

3 Para el fin de semana.

8 ¿Les reservo una plaza de garaje?

6 Muy bien. ¿A nombre de quién?

1 ¿Tienen habitaciones libres?

4 Sí, para este fin de semana no hay problema.

9 Sí, por favor.

7 Sonia Carrasco.

5a. Mira las imágenes y piensa qué viaje quieres hacer. Después escribe las características del hotel que buscas.

Viaje de negocios   *Viaje de descanso*   *Viaje para visitar una ciudad*

- Quieres ir a...
- Buscas un hotel céntrico o cerca del aeropuerto, tranquilo o...
- Quieres un hotel lujoso, barato...
- Quieres una habitación con...

5b. Elige un hotel de la página 87 e imagina con tu compañero un diálogo entre el recepcionista y un cliente.

HOTEL Regina ★ ★ ★

Llamas al hotel Regina y oyes este mensaje. Escúchalo y contesta a las preguntas.

a. ¿Qué oyes?
1. Gracias por... ⬒ esperar. ⬒ llamar. ⬒ reclamar.
2. Para hacer una... ⬒ conserva. ⬒ hierba. ⬒ reserva.
3. Para cualquier otra... ⬒ información. ⬒ invitación. ⬒ importación.

b. ¿Qué tienes que hacer para reservar una habitación? ⬒ Pulsar 1. ⬒ Pulsar 2. ⬒ Pulsar 3.

c. Relaciona.
1. Departamento...   a. línea.
2. Espere...   b. nacional e internacional.
3. Atendemos...   c. su llamada.

En un hotel. Descripción de personas

1a. Eres recepcionista y tu compañero es un cliente. Rellena su ficha personal.

HOTEL Regina ★★★ **FICHA DE CLIENTE**

Nombre: .... Apellidos: ....

Sexo: .... Fecha de nacimiento: ....

Dirección: .... Ciudad: ....

Código postal: .... País: ....

Teléfono: .... Estado civil: ....

e-mail: .... Pasaporte: ....

1b. Servicios de hotel. Relaciona los símbolos con las palabras.

D 1. calefacción
H 2. secador de pelo
G 3. restaurante
A 4. aire acondicionado
J 5. tienda
C 6. caja fuerte
E 7. garaje
B 8. minibar
F 9. bar
I 10. televisión

2a. Lee estos anuncios. ¿Quién los ha escrito?

1. Soy una chica de 26 años, alta y rubia, tengo el pelo largo y los ojos azules. Me gusta mucho el cine y viajar. Soy simpática, inteligente, pero un poco despistada. Busco chico de mi edad educado, divertido y muy trabajador. Ref.: 745/10R

upset minded

2. Soy una chica de 29 años, delgada, morena y con el pelo corto. Soy alegre, amable y generosa, pero también un poco desordenada. Me encanta leer, pasear y visitar museos. Busco chico de entre 25 y 32 años con mis mismas aficiones. Ref.: 750/11A *interests*

Sonia

Mónica

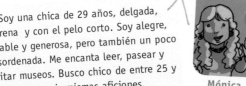

2b. Completa el cuadro.

Descripción física	Descripción del carácter
alta	simpática
pelo largo	inteligente
pelo corto	alegre
morena	generosa
alta	divertida
delgada	desordenada
rubia	educado
	trabajador

2c. Marca los adjetivos negativos.

- simpático/a
- ✓ despistado/a
- educado/a
- inteligente
- divertido/a
- ✓ desordenado/a
- generoso/a
- trabajador/-a
- alegre
- amable

2d. Escucha y marca cómo es Javier.

- Es delgado.
- Es alto.
- Tiene el pelo largo.
- Tiene el pelo rizado.
- Lleva gafas.
- Lleva bigote.
- Es moreno.
- Tiene ojos verdes.
- Lleva barba.
- Es calvo.

2e. ¿Javier está respondiendo a Mónica o a Sonia?

3. Describe a un compañero.

Describir a una persona	
Es + adjetivo	alto/a, rubio/a, simpático/a...
Tiene + sustantivo	los ojos azules... el pelo largo...
Lleva / Tiene + sustantivo	bigote, barba, gafas, sombrero...

👁 **1a. Observa.**

Usos de SER
- Descripción del físico y del carácter de las personas.
Es delgada y con el pelo largo.
Es divertido y generoso.
- Posesión.
¿Es tu ordenador? No, es de Sonia.

Usos de ESTAR
- Estados físicos o anímicos de una persona.
Estoy muy contento.
- Localización en el espacio.
En Bilbao está el museo Guggenheim.

🖊 **1b. Completa las frases con *SER* o *ESTAR*.**

1. No tengo ganas de hablar, _estoy_ triste.
2. • ¿Cómo _es_ Laura?
   ○ _Es_ pelirroja y lleva gafas.
3. • ¿De quién _esta_ este perro?
   ○ _Es_ de mi hermana.
4. • ¿Cómo _estan_ tus padres?
   ○ Un poco cansados.
5. • ¿Dónde _esta_ la ciudad de Coyoacán?
   ○ En México.
6. • ¿Cómo _es_ tu padre?
   ○ _Es_ alto y con el pelo blanco.
7. • ¿_Son_ tuyos estos libros?
   ○ No, _son_ de Ana.
8. Paula ya tiene trabajo y _esta_ muy contento.   *situation*
9. Los mejores hoteles _estan_ en la playa.
10. A mi marido no le gusta salir, _es_ muy aburrido.
11. Mi marido no quiere salir, _esta_ cansado.
12. Mis hijos _son_ muy trabajadores.

🖊 **2a. Observa y completa el cuadro.**

GUSTA + sustantivos singulares/infinitivos
GUSTAN + sustantivos plurales

indirect obj. pron.

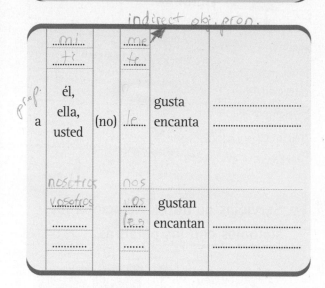

prep.					
	mi		me		
	ti		te		
a	él, ella, usted	(no)	le	gusta encanta	
	nosotros vosotros		nos os les	gustan encantan	

🖊 **2b. Inventa dos frases para cada dibujo, como en el ejemplo.**

- (No) me gusta hacer picnic.
- Me encanta comer en el campo.

- ....
....
- ....
....

- ....
....
- ....
....

Adverbios. Posesivos

👁 3. Observa y reacciona.

🖊

Acuerdo	Desacuerdo
TAMBIÉN / TAMPOCO	SÍ / NO
• *Voy a ir a Bilbao.* ○ *Yo también.* • *No me gusta viajar.* ○ *A mí tampoco.*	• *A mí no me gusta salir.* ○ *A mí sí.* • *Prefiero una ciudad.* ○ *Yo no.*

1. No me gusta la playa.

   A mí sí / a mí tampoco.

2. Prefiero la ciudad a la playa. ....

3. Me encanta el arte clásico. ....

4. Me gusta pasear por la montaña. ....

5. Prefiero las ciudades grandes. ....

6. No me gusta mucho leer. ....

7. Me gusta la música latina. ....

👁 4a. Observa.

Delante del sustantivo					
		Un poseedor		Varios poseedores	
Masc.	Sing.	mi	tu	su	nuestro	vuestro	su
	Plur.	mis	tus	sus	nuestros	vuestros	sus
Fem.	Sing.	mi	tu	su	nuestra	vuestra	su
	Plur.	mis	tus	sus	nuestras	vuestras	sus

Detrás del sustantivo o sin sustantivo	
Un poseedor	Varios poseedores
mío	tuyo	suyo	nuestro	vuestro	suyo
míos	tuyos	suyos	nuestros	vuestros	suyos
mía	tuya	suya	nuestra	vuestra	suya
mías	tuyas	suyas	nuestras	vuestras	suyas

> 1. Posesivo + sustantivo: *mi, tu...*
 Vamos en **mi** *coche.*
> 2. Sustantivo + posesivo: *mío, tuyo...*
 Esta es Sonia, una amiga **mía**.
> 3. Verbo + posesivo: *mío, tuyo...*
 ¿Este coche es **tuyo***?*
> 4. Artículo determinado + posesivo: *el mío, el tuyo...*
 Este no es mi coche. El **mío** *es azul.*

🖊 4b. Transforma estas frases.

1. Vamos en mi coche. *Vamos en el mío.* ....

2. ¿Son mis llaves? ....

3. ¿Puedo ver tus gafas? ....

4. Es nuestro hotel. ....

5. Se lleva vuestro coche. ....

🖊 4c. Construye frases según el modelo.

1. Ellos / el garaje. *El garaje es suyo.* ....

2. Yo / el código postal. ....

3. Ustedes / las reservas. ....

4. Nosotros / el secador de pelo. ....

5. Ellas / las habitaciones. ....

🖊 4d. Señala la respuesta correcta.

a. Me gustan las vuestras habitaciones.

   vuestras

   vuestra

b. Este coche es mío.

   ¿Dónde está   tuyo   ?

   el vuestro

   vuestro

c. Tus

   Los tuyos   padres no están en casa.

   Tuyos

d. Mi teléfono no funciona.

   ¿Y   tuyo   ?

   tus

   los vuestros

D Expresión oral
Hablar de gustos. Hacer una reserva

1a. Observa.

Preguntar y expresar gustos	
¿(No) te gusta...?	(No) me gusta...
¿Qué tal el / la...?	Me encanta...
Preguntar y expresar preferencias	
¿Prefieres...?	Prefiero...
¿Qué / Cuál prefieres?	Me gusta más...
¿Qué te gusta más?	
Preguntar y expresar deseos	
¿(No) quieres...?	(No) quiero...
¿(No) tienes ganas de...?	(No) tengo ganas de...
Preguntar y expresar interés	
¿(No) te interesa...?	(No) me interesa (mucho)...
	(No) es muy interesante...

1b. Crea minidiálogos como en el ejemplo.

Tengo ganas de ir a la montaña. Me encanta hacer deporte.

Yo no. Prefiero ir a la playa. Tengo ganas de descansar y...

A B C D

2a. Una agencia de viajes propone estas dos actividades para el fin de semana. Elige una y di por qué la prefieres.

HOTEL EL BALNEARIO *Viajes LLorente*

Confortable hotel cerca del río Miño. Fin de semana antiestrés: masaje, baño de algas, baño de vapor, chorro a presión.

Club Alta Montaña *Viajes LLorente*

Piragüismo, escalada, vuelo sin motor... Elige tu deporte y vive la aventura de tu vida.

A mí me gusta más...

Pues yo prefiero...

Es que yo soy tranquila / activa...

2b. Unos jóvenes reservan uno de estos dos viajes. Escucha y rellena la ficha.

FICHA DE INSCRIPCIÓN *Viajes LLorente*

Nº de personas: ....

Viaje elegido: ....

Actividades: ....

Época del año: ....

2c. Ahora tú trabajas en una agencia de viajes. Habla con tu compañero y rellena su ficha de viaje.

FICHA DE INSCRIPCIÓN *Viajes LLorente*

Nº de personas: ....

Viaje elegido: ....

Actividades: ....

Época del año: ....

Cuadros y museos

1. Observa estos autorretratos.

Francisco de Goya
(España, 1746 - 1828)
Autorretrato con 69 años.
Real Academia de Bellas
Artes de San Fernando
(Madrid)

Diego Velázquez
(España, 1599–1660)
Autorretrato
Museo de Bellas Artes
(Valencia)

a. Elige uno de los personajes y describe su físico.

Es un hombre de unos .... años. Es .... y tiene ....

b. Según su aspecto, imagina su carácter.

2. Lee los siguientes textos.

REAL ACADEMIA DE BELLAS ARTES DE SAN FERNANDO

Es uno de los museos de Madrid (España) de mayor encanto e interés, en opinión de sus visitantes. Posee una de las más antiguas y mejores colecciones de pintura española de los siglos XVI al XIX. Hay también una buena representación de las escuelas flamenca, alemana, francesa e italiana, esculturas y porcelana. Destacan las salas de pintura clásica, la sala dedicada a Picasso, la sala de Artes Decorativas, la sala de dibujos y grabados y la sala de escultura de José Ginés. Además organiza exposiciones temporales y tiene una amplia Biblioteca para especialistas.

Museo de Bellas Artes de Valencia

MUSEU DE BELLES ARTS DE VALENCIA

El Museo de Bellas Artes de Valencia (España), es el símbolo cultural más importante de la Comunidad Valenciana en cuanto a pintura histórica. Está formado, sobre todo, por una gran pinacoteca y una amplia colección de dibujos y grabados, además de esculturas, piezas arqueológicas, fragmentos arquitectónicos, fotografías y artes decorativas.

a. ¿Qué diferencias hay entre los dos museos?

b. ¿Cuál te parece más interesante para conocer? ¿Por qué?

1. Observa y lee.

REPÚBLICA DOMINICANA
Todo el sol del Caribe

HOTEL EN PLAYA BÁVARO ★★★★ *accomodation*
AVIÓN + ALOJAMIENTO (9 noches)

desde **999** €

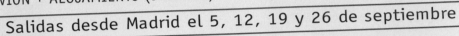
Salidas desde Madrid el 5, 12, 19 y 26 de septiembre

HABITACIONES: 504 habitaciones dobles. Todas con aire acondicionado, baño completo con secador de pelo, TV por cable, minibar, caja de seguridad y terraza.
PISCINAS: 2 piscinas, *jacuzzi* y 1 piscina para niños.
BARES Y RESTAURANTES: 3 restaurantes a la carta: italiano, chino y grill. 4 bares. El Sport Club abierto 24 horas.

a. Contesta a las preguntas.

¿Qué incluye el precio del viaje? *el avion + alojamiento por 9 dyas*

¿Esta oferta es para cualquier época del año? *para septiembre*

¿Cómo son las habitaciones? *dobles, aire*

¿Qué otros servicios tiene el hotel?

b. Un cliente habla con el recepcionista: le pregunta los servicios del hotel y después reserva una habitación. Escribe el diálogo.

Taller de Internet

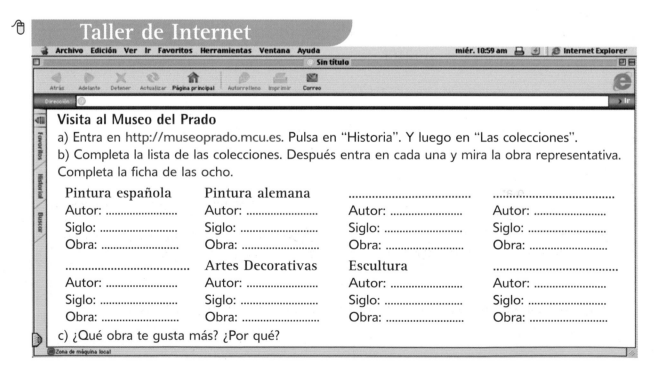

Archivo Edición Ver Ir Favoritos Herramientas Ventana Ayuda   miér. 10:59 am   Internet Explorer

Sin título

Atrás Adelante Detener Actualizar Página principal Autorrelleno Imprimir Correo

Dirección: > Ir

Visita al Museo del Prado
a) Entra en http://museoprado.mcu.es. Pulsa en "Historia". Y luego en "Las colecciones".
b) Completa la lista de las colecciones. Después entra en cada una y mira la obra representativa. Completa la ficha de las ocho.

Pintura española	Pintura alemana	....	....
Autor:	Autor:	Autor:	Autor: ....
Siglo:	Siglo:	Siglo:	Siglo: ....
Obra:	Obra:	Obra:	Obra: ....
....	Artes Decorativas	Escultura	....
Autor:	Autor:	Autor:	Autor: ....
Siglo:	Siglo:	Siglo:	Siglo: ....
Obra:	Obra:	Obra:	Obra: ....

c) ¿Qué obra te gusta más? ¿Por qué?

Zona de máquina local

1a. Las expresiones para hacer una reserva de habitación:

El recepcionista	El cliente
¿A nombre de quién?	¿Tienen habitaciones libres?
¿Necesita plaza de garaje?	Para dos personas.
¿Para cuántas noches?	¿Tiene aire acondicionado, garaje...?

1b. Para preguntar y expresar gustos y preferencias:

Preguntar y expresar gustos		Preguntar y expresar preferencias	
Preguntar	Responder	Preguntar	Responder
¿(No) te gusta...?		¿Prefieres...?	
¿No te encanta...?	(No) me gusta...	¿Qué / Cuál prefieres?	Prefiero...
¿Qué tal el / la...?	Me encanta...	¿Qué te gusta más?	Me gusta más...

2a. Los servicios de hotel: la calefacción, el secador de pelo, el restaurante, el aire acondicionado, la tienda, la caja fuerte, el garaje, el minibar, el bar, la televisión, etc.

2b. Los adjetivos de carácter: simpático, educado, divertido, generoso, alegre, despistado, inteligente, desordenado, trabajador, amable, etc.

2c. El vocabulario de descripción física: delgado, el pelo largo / corto / rizado, las gafas, el bigote, calvo, la barba, los ojos verdes, etc.

3a. Los usos de SER y ESTAR:

Usos de SER

- Descripción del físico y del carácter de las personas.
  Es delgada y con el pelo largo.
  Es divertido y generoso.
- Posesión.
  ¿Es tu ordenador? No, es de Sonia.

Usos de ESTAR

- Estados físicos o anímicos de una persona.
  Estoy muy contento.
- Localización en el espacio.
  En Bilbao está el museo Guggenheim.

3b. Los verbos GUSTAR y ENCANTAR:

			el / la +
	me	gusta	sustantivo
	te	encanta	sing. / verbo
No	le		en Infinitivo
	nos		
	os	gustan	los / las +
	les	encantan	sustantivo plural

3c. Los adverbios de acuerdo o desacuerdo:

Acuerdo	TAMBIÉN / TAMPOCO
Desacuerdo	SÍ / NO

3d. Y los posesivos: mi / mío / mía...; su / suyo; nuestro..; vuestro...; su / suyo...

1. Escucha los diálogos y complétalos. Después ordena las ilustraciones.

• *Haciendo una reserva*

1.
CAMARERO: Taberna Alfonso, ¿dígame?
MUJER: Buenos días. ¿Puedo hacer una .... para esta noche, por favor?
CAMARERO: Sí, señora. ¿Para cuántas personas?
MUJER: Dos.
CAMARERO: Una mesa para dos, muy bien. ¿Y a qué hora?
MUJER: A las nueve y media.
CAMARERO: ¿A qué ....?
MUJER: Señores Calderón.
CAMARERO: Perfecto, pues ya la tiene.
MUJER: Muchas gracias.

3.
CAMARERO: ¿Algo de .... o café?
ELLA: Yo nada, gracias.
ÉL: Yo sí, un helado de ....
CAMARERO: En seguida.

4.
ELLA: ¡Ah, por favor! ¿Nos trae la ....?
CAMARERO: Sí, señora.

• *En el restaurante*

2.
CAMARERO: Buenas noches. ¿Les tomo nota ya, señores?
ÉL: Sí, mire, yo de .... voy a tomar las verduras a la plancha.
ELLA: Y yo... ¿Qué es "pisto manchego"?
CAMARERO: Verduras fritas con salsa de ....
ELLA: No. Entonces, una ....
CAMARERO: ¿Y de segundo?
ÉL: Para mí un filete de ternera.
ELLA: Yo no sé.
CAMARERO: ¿La señora prefiere .... o pescado?
ELLA: Pescado.
CAMARERO: La merluza está muy buena.
ELLA: Ah, pues una ....
CAMARERO: Estupendo. ¿Y para beber? ¿Les traigo la carta de vinos?
ELLA: No, yo agua con gas por favor.
ÉL: Para mí ....
CAMARERO: Muy bien, gracias.

1a. Di si es verdadero (V) o falso (F).

1. Un hombre llama por teléfono.
2. En el restaurante responde una mujer.
3. El camarero y los clientes usan un lenguaje informal.
4. Una pareja cena en un restaurante.

1b. ¿Qué oyes?

1. Para este coche, por favor.
   Para esta noche, por favor.
2. ¿A qué hora?
   ¿Y a qué hora?
3. Pues ya la tiene.
   Pues ya las tiene.
4. Yo de primero.
   Yo primero.
5. ¿Y de segundo?
   ¿Y el segundo?
6. ¿No trae la cuenta?
   ¿Nos trae la cuenta?

1c. Escoge la respuesta correcta.

1. La mujer reserva una mesa en un restaurante.
   La mujer reserva dos mesas en un restaurante.
2. La reserva es a las 9:30.
   La reserva es a las 21:30.
3. Ella pide de primero verduras a la plancha.
   Ella pide de primero sopa.
4. El camarero les trae la carta de vinos.
   El camarero les trae bebidas sin alcohol.

1d. ¿Qué pide cada personaje? Mira la carta del restaurante y marca lo que pide cada cliente.

CARTA

Primeros platos

- Ensalada mixta
- Paella de carne
- Paella de marisco *sea food*
- Verduras a la plancha
- Sopa castellana
- Pisto manchego
- Tortilla de patatas
- Arroz a la cubana

Segundos platos

- Filete de ternera *veal*
- Entrecot a la plancha
- Entrecot a la pimienta *pepper*
- Chuletas de cordero *lamb chops*
- Merluza a la romana
- Lenguado a la plancha
- Calamares en su tinta
- Almejas a la marinera

Postres *lamb chops*

- Flan
- Crema catalana
- Fruta del tiempo
- Arroz con leche
- Helados
- Tarta de chocolate

Bebidas

- Agua
- Cerveza
- Vino de la casa

TABERNA ALFONSO

1e. ¿Qué significa "mesa para dos"? Inventa otro título diferente para el diálogo.

2. Separa las palabras que aparecen unidas.

1. ¿Puedohacerunareservaparaestanoche?
2. ¿Quéespistomanchego?
3. Paramíunfilete.
4. ¿Algodepostreocafé?

3. Relaciona las fotos con su nombre.

3. a. Helado de chocolate

1. b. Agua sin gas

c. Filete de ternera

6. d. Verduras

1. e. Merluza a la romana

3. f. Salsa de tomate *5.*

4. Relaciona las preguntas con las respuestas.

3 a. ¿A qué hora?   1. No, gracias.

5 b. ¿A qué nombre?   2. Para dos personas.

X c. ¿De postre?   3. A las 9:30 de la noche.

8 d. ¿Me trae la cuenta?   4. Merluza a la romana.

6 e. ¿Para beber?   5. Señores Calderón.

2 f. ¿Para cuántos?   6. Agua con gas.

9 g. ¿Qué va a tomar de primero?   7. Un helado.

1. h. ¿Quiere café?   8. Aquí tiene.

4 i. ¿Y de segundo?   9. Una sopa.

5. Haz un diálogo con tu compañero entre un cliente y un camarero.

¿Qué va a tomar de primero?

....

....

A   B

Quieres hacer una reserva en un restaurante y llamas por teléfono. Escucha el mensaje y responde a las preguntas.

a. Estos son los servicios que ofrece Mikado. Relaciona.

1. Compra de...   a. un taxi.
2. Pedir...   b. entradas.
3. Reservar...   c. en un restaurante.

b. ¿Qué otros servicios oyes? ⬜ Enviar flores.   ⬜ Billetes de avión.   ⬜ Atención al cliente.

c. ¿Qué tienes que hacer para volver al principio?

⬜ Esperar.   ⬜ Seleccionar un nuevo servicio.   ⬜ Decir Mikado.

Comidas, bebidas y objetos

1. Escribe el nombre de cada objeto.

> plato – vaso – servilleta – tenedor – cuchillo – cuchara – mantel – pan – mantequilla – aceite – vinagre – sal – pimienta – copa

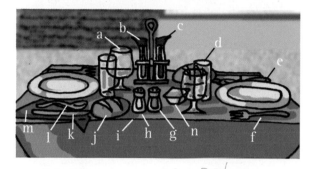

a. copa

b. aceite

c. vinagre

d. vaso

e. plato

f. tenedor

g. pimienta

h. sal

i. mantel

j. pan

k. cuchillo

l. cuchara

m. servilleta

n. mantequilla

2a. Escucha el diálogo y completa el cuadro con lo que van a cenar.

De primero	De segundo	De postre	Para beber

2b. Escucha otra vez el diálogo y di qué cesta es la suya.

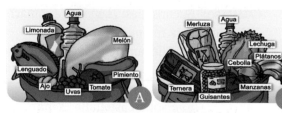

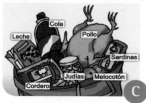

Judías ↓ string beans

2c. Clasifica todos los alimentos anteriores.

Carne	Pescado	Verduras	Fruta	Bebidas
pollo ternera cordero	lenguado merluza sardinas salmon	tomate ajo pimiento lechuga guisantes judías cebolla	melón uvas platanos melocoton manzanas	Limonada agua leche cola

3a. Lee el texto y responde a las preguntas.

Señora de Gordillo: ¡Hola Paco!

Don Paco: Buenos días, ¿qué desea?

Señora de Gordillo: Ponme un kilo de...

Don Paco: ¿Un kilo de qué?

Señora de Gordillo: De... de esto redondo... ¿Cómo se dice...?

Don Paco: ¿De esto redondo...? ¿Manzanas?

Señora de Gordillo: No, esto que se usa para las ensaladas...

Don Paco: ¿Lechuga?

Señora de Gordillo: No, hombre, no. Esto rojo que...

Don Paco: ¡Ah ya sé! Usted quiere un kilo de remolachas.

Señora de Gordillo: ¡No, no, no...!

Antonio de la Fuente Arjona.
El ladrón de palabras

a. ¿Qué alimentos se mencionan?

b. ¿Qué crees que quiere la señora?

3b. Completa el diálogo a tu manera.

SEÑORA DE GORDILLO: ....

DON PACO: Buenos días, ¿qué desea?

SEÑORA DE GORDILLO: ....

DON PACO: ¿Un kilo de qué?

SEÑORA DE GORDILLO: ....

DON PACO: ¿De esto redondo...? ¿Manzanas?

SEÑORA DE GORDILLO: ....

DON PACO: ¿Lechuga?

SEÑORA DE GORDILLO: ....

1a. Observa.

SER / ESTAR + comidas
SER: describir las características.
- Origen.
Este churrasco es argentino.
– Composición.
Este plato es de verduras.
– Valoración.
El pisto es muy sano / graso / nutritivo.
ESTAR: hablar de estados o valorar las preparaciones.
- Estados.
Está muy caliente / frío.
– Resultados de un proceso.
Está salado / soso / quemado.
- Valoración de alimentos consumidos.
La merluza está muy buena.

helthy (annotation above "sano")

withoyt flevour (annotation above "soso / quemado")

1b. Marca el verbo correcto.

1. Siempre hago bien el café, pero hoy no *es* / *está* bueno.
2. ¡Hum! ¡Qué bueno *es* / *está* este gazpacho!
3. ¿Te gusta la limonada? *Es* / *Está* de Valencia.
4. La verdura *es* / *está* muy buena para el corazón.
5. Todavía no puedo tomar la sopa, *es* / *está* muy caliente.
6. No me gusta esta paella, *es* / *está* muy mala.
7. La pasta *es* / *está* nutritiva, pero engorda.
8. La ensalada no tiene aceite ni sal, *es* / *está* sosa.
9. El gazpacho *es* / *está* una sopa fría de verduras.

1c. Relaciona las columnas para formar frases.

2. a. El filete	1. está cruda.
1. b. La tortilla	2. está frío.
4. c. Los tacos	3. son muy grasas.
3. d. Las patatas fritas	4. son mexicanos.

2a. Observa.

Para indicar...	
una cantidad precisa (con sustantivos contables)	una cantidad imprecisa (con sustantivos no contables)
UN/UNA, DOS, TRES *Una ensalada, por favor.*	UN POCO DE *Un poco de agua, por favor.*
OTRO / A *Otra botella de agua.*	MÁS *¿Más pan?*
	MUCHO/POCO/BASTANTE: *Quiero bastante arroz.*

2b. Lee y marca las palabras correctas.

CAMARERO: Buenos días, ¿qué van a tomar?
HOMBRE: Para mí, *una* / *un poco de* tapa de jamón y *un* / *un poco* de pan.
MUJER: Yo sólo voy a tomar *otra* / *una* sopa castellana. Y para los niños *dos* / *bastante* hamburguesas.
CAMARERO: Muy bien. ¿Y para beber?
MUJER: *Cuatro* / *Más* botellas de agua.

3a. Observa.

	Cosas	Personas
Identidad indeterminada	algo	alguien
Inexistencia	nada	nadie

- *¿Quieres algo?*
- *No, gracias, no quiero nada.*
- *¿Viene alguien?*
- *No, no viene nadie.*

3b. Transforma las frases en negativas.

1. Me gusta mucho este pescado.

   No me gusta nada este pescado.

2. Estoy esperando a alguien. No estoy esperando a nadie

3. ¿Quiere algo más? No quiero nada más

4. ¿Hay alguien ahí? No hay nadie ahi

5. Tengo algo de postre. No tengo nada de postre

6. ¿Conoces a alguien? No conosco a nadie

7. Tengo algo. No tengo nada

8. ¿Quieres algo de postre? No quiero nada

9. ¿Viene alguien? No viene nadie

10. ¿Llama alguien a la puerta? No llama nadie a la puerta

4a. Observa.

Pronombres personales		
Sujeto	Complementos sin preposición	
yo	me	
tú	te	
él, ella, usted	directo	indirecto
	le, lo, la	le (se)
nosotros, as	nos	
vosotros, as	os	
ellos, ellas, ustedes	directo	indirecto
	les, los, las	les (se)

4b. Relaciona.

a. nosotros   1. les
b. vosotras   2. te
c. yo   3. nos
d. tú   4. os
e. ustedes   5. le
f. usted   6. me

4c. Elige la respuesta adecuada.

1. De postre ...... llevamos una tarta de chocolate.

   | lo | le |
   | la | las |

2. ¿Entonces ...... reservo una mesa a las diez y media?

   | la | lo |
   | les | se |

3. Fueron a un restaurante cubano y .... encantó la comida.

   | le | los |
   | les | se |

4. ¿..... traigo la carta, señores?

   | le | los |
   | les | se |

5. Responde como en el ejemplo.

1. Yo no conozco este plato argentino.
   Y tú, ¿lo conoces?

2. Nosotros no tenemos la carta de postres. Y ustedes, ¿.......................................?

3. Ellas no tienen el teléfono del restaurante. Y vosotras ¿.............................?

4. Yo no espero al camarero. Y vosotros, ¿..................................?

5. Ellos no van a pagar la cuenta. Y tú, ¿..................................?

6. Yo voy a hacer la reserva. Y tú, ¿..................................?

Manejarse en un restaurante y en un mercado

1a. Mira el anuncio de este restaurante. En parejas: llama y haz una reserva.

TABERNA ALFONSO

- Especialidad en carnes a la plancha.
- Postres caseros.
- Gran carta de vinos.

Abierto de 14:00 a 16:30 h y de 21:00 a 23:30 h
Sábados de 21:00 a 1:00 h

Urgell, 32.   Tel.: 934 26 06 21

Hacer una reserva	
Cliente	Camarero
¿Puedo hacer una reserva?	¿Para cuántas personas?
¿Me puede reservar una mesa?	¿A qué hora?
	¿A qué nombre?

1b. Imagina que eres camarero y dos compañeros, clientes. Escribe un menú y desarrolla la situación.

Menú
No money
No food!!
Toilets for customers only

Pedir la comida en un restaurante	
Camarero	Cliente
¿Qué van a tomar de primero?	Yo voy a tomar...
¿Y de segundo?	Yo...
¿Para beber?	Para mí...
¿Van a tomar postre o café?	Yo quiero...

Pedir durante la comida en un restaurante		
¿Me / Nos	trae puede traer	un tenedor?
		un poco de pan?
		otra botella de agua?
		la cuenta?

2. En el mercado. Uno hace de vendedor y otro compra los productos para hacer pisto manchego según esta receta.

PISTO MANCHEGO

Ingredientes:

2 berenjenas
2 calabacines
2 cebollas
1 pimiento verde
1 pimiento rojo
1 ajo
salsa de tomate
aceite de oliva
pimienta y sal

Preparación:

Freír las verduras en aceite de oliva y después añadir la salsa de tomate.

Pesos	Medidas
100 g (cien gramos)	½ l (medio litro)
1 kg (un kilo)	¼ l (un cuarto de litro)
1/2 kg (medio kilo)	1 l (un litro)
1/4 kg (un cuarto de kilo)	1,5 l (un litro y medio)
1,5 kg (un kilo y medio)	2 l (dos litros)
2 kg (dos kilos)	

¿Qué desea?
Deme...
¿Cómo los quiere?
¿Están maduros?
Sí.
Pues póngame...
¿(Desea) algo más?
Nada más, gracias. ¿Cuánto es?

3. Menú internacional. Anota dos platos típicos de tu país.

Tus compañeros te preguntan qué es. Responde y después entre todos elegimos un primer plato, un segundo y un postre para hacer un menú.

Gastronomía española y argentina

📖 **1. Lee los siguientes textos.**

España: la dieta mediterránea

Muchos científicos dicen que la alimentación de las regiones mediterráneas es la más sana del mundo. Con esta alimentación, llamada "dieta mediterránea", se pueden evitar, por ejemplo, algunas enfermedades del corazón.

¿Qué comen los españoles del Mediterráneo? Arroz, verduras, abundante fruta, poca carne y mucho pescado, y casi todo con ciertas especias como el ajo, el orégano y la pimienta. Pero la base esencial de la cocina mediterránea es el aceite de oliva: este se utiliza en lugar de la mantequilla, tanto en ensaladas como en cualquier plato cocinado, y es mucho mejor para la salud.

Argentina: la fiesta de la carne

Hablar de la cocina argentina es hablar de carne, por eso muchos platos típicos son de carne, como el churrasco (carne asada), el bife a caballo (carne con un huevo), el asado con cuero (carne con piel) y las empanadas criollas (pan con ternera). La carne asada es una fiesta y no se entiende un fin de semana o reunión familiar sin un buen asado. Cada persona puede llegar a tomar entre 200 y 500 gramos de carne.

Las carnes se acompañan con salsa criolla picante y salsa chimichurri, que lleva bastante vinagre, poco aceite, pimienta negra, ajo, ají molido y hierbas aromáticas.

✎ **a. Completa el cuadro.**

	arroz	churrasco	empanada	verduras	fruta	bife a caballo	aceite de oliva	salsa chimichurri	pescado
España	✓								
Argentina									

✎ **b. Haz una lista de todas las especias que se citan en estos textos. ¿En qué país se usan más: en España o en Argentina?**

💬 **c. ¿Qué producto es el más importante de cada una de estas dos cocinas?**

💬 **d. ¿Y tú qué tipo de cocina prefieres: la española o la argentina?**

💬 **e. La cocina típica de tu país, ¿se parece más a la española o a la argentina? Explica las diferencias.**

Síntesis

1. Lee estos dos anuncios de restaurantes.

Paco Romero

Almirall Aixada, 78
08003 Barcelona
Tel.: 932 215 027
Fax: 932 214 591
e–mail: promero@softly.es
http://www.restaurantepromero.com

Lunes a sábado de 21:00 a 24:00 horas. / Domingo cerrado.

Precio: €€€€€
Especialidad en cocina marinera
Arroces y Fideuás - Paellas Marineras - Pescados y mariscos frescos - Vivero propio.
Menús especiales para grupos
Especialistas en bodas, convenciones sociales y reuniones familiares.

RÍO DE LA PLATA

Balmes, 358
08006 Barcelona
Tel.: 934 185 780
Fax: 934 181 373
e–mail: rioplata@softly.es
http://www.riodelaplatarestaurante.es
Abierto todos los días. Horario: de 12:00 a 23:00 horas.

Precio: €€
Especialidad en cocina uruguaya

Churrasco criollo - Churrasco al vacío -Tarta de puerro - Provolone a la parrilla - Postres caseros típicos de Uruguay.
Gran zona de aparcamiento. Amplia terraza-jardín.

a. Completa el cuadro.

	Especialidad en carne	Especialidad en pescado	Dan comidas	Dan cenas	Abierto todos los días	Cerrado un día de la semana	Hay garaje	Hay terraza	Es caro
Paco Romero		✓							
Río de la Plata									

b. ¿Cuál prefieres?

c. En grupos. Vamos a inventar un anuncio de un restaurante. Entre todos elegimos cuál es el mejor.

Taller de Internet

Reserva una mesa

a) Entra en la dirección http://www.accua.com. Pulsa en "Restaurantes" y después en "Reserva tu mesa". Escribe tu correo electrónico y pulsa "Continuar con la reserva". Selecciona la provincia de España y la localidad. Selecciona el restaurante. Completa los datos. Pulsa "Continuar la reserva".
b) Escribe el nombre al que haces la reserva, el teléfono de contacto y la hora. Sale un mensaje de confirmación. Apunta el código de la reserva. También puedes ver la dirección del restaurante y un plano de la zona.
c) Ahora puedes cancelar la reserva en "Cancelar reserva". Apunta tu correo electrónico y el código de la reserva.

1a. Las expresiones para pedir en un restaurante:

Pedir la comida en un restaurante	
Camarero	Cliente
¿Qué van a tomar de primero? ¿Y de segundo? ¿Para beber? ¿Van a tomar postre o café?	Yo voy a tomar... Para mí... Yo quiero...

Pedir durante la comida en un restaurante			
¿Me / Nos	trae puede traer	un tenedor un poco de pan otra botella de agua la cuenta	por favor?

1b. Y para indicar pesos y medidas en un mercado:

Pesos	Medidas
100 g (cien gramos)	½ l (medio litro)
1 kg (un kilo)	¼ l (un cuarto de litro)
1/2 kg (medio kilo)	1 l (un litro)
1/4 kg (un cuarto de kilo)	1,5 l (un litro y medio)
1,5 kg (un kilo y medio)	2 l (dos litros)
2 kg (dos kilos)	

2a. Los platos:
el arroz a la cubana, la ensalada mixta, la paella, el pisto manchego, la sopa castellana, la tortilla de patatas, las almejas a la marinera, los calamares en su tinta, las chuletas de cordero, el entrecot, el filete de ternera, el lenguado a la plancha, la merluza a la romana, el arroz con leche, la crema catalana, el flan, la fruta, los helados, la tarta de chocolate, etc.

2b. Los objetos de la mesa:
el aceite, la copa, la cuchara, el cuchillo, el mantel, la mantequilla, el pan, la pimienta, el plato, la sal, la servilleta, el tenedor, el vaso, el vinagre, etc.

2c. Y los alimentos:
el ajo, la cebolla, el cordero, la judía, la leche, la lechuga, el lenguado, la manzana, el melocotón, el melón, la merluza, el pimiento, el plátano, el pollo, la sardina, la ternera, el tomate, la uva, etc.

3a. Los usos de *SER* y *ESTAR*:

SER / ESTAR + comidas
SER: describir las características.
– Origen.
Este churrasco es argentino.
– Composición.
Este plato es de verduras.
– Valoración.
El pisto es muy sano / graso / nutritivo.
ESTAR: hablar de estados o valorar las preparaciones.
- Estados.
Está muy caliente / frío.
– Resultados de un proceso.
Está salado / soso / quemado.
- Valoración de alimentos consumidos.
La merluza está muy buena.

3b. Los cuantificadores:

Cuantificadores	
con sustantivos contables	con sustantivos no contables
Un, una, unos, unas Otro, otra, otros, otras	Un poco de Más Mucho, poco, bastante

3c. Y los pronombres personales:

Pronombres personales			
Sujeto	Complementos sin preposición		
yo	me		
tú	te		
él, ella, usted	**directo** le, lo, la		**indirecto** le (se)
nosotros, as vosotros, as	nos os		
ellos, ellas, ustedes	**directo** les, los, las		**indirecto** les (se)

11 ¿De qué talla?

15.04.09

1. Relaciona los nombres de la ropa con la ilustración.

> camisa zapatos corbata vestido cazadora pantalones jersey falda traje

a. *traje*
b. *camisa*
c. *cazadora*
d. *pantalon*
e. *zapatos*
f. *jersey*
g. *falda*
h. *vestido*
i. *corbata*

2. Escucha el diálogo y completa el texto con la prenda que dice cada personaje.

JOSÉ MARÍA: Me encantan estas .... de piel. ¿Y a ti, Marga?

MARGA: Sí, pero son carísimas, ¿no? ¿Qué tal una ....? Mira, 29 euros.

INMA: ¡Qué .... más bonito!

MARGA: Inma, por favor, estamos buscando ropa para Miguel, no para ti.

INMA: Ya, pero es que es precioso.

JOSÉ MARÍA: ¿Y unos ....?

MARGA: ¿Sabes su número de pie?

JOSÉ MARÍA: No.

MARGA: Entonces...

3. Escucha el resto del diálogo y ordena las imágenes.

A

B

C

D

1a. Di si es verdadero (V) o falso (F).

1. Los personajes están en unos grandes almacenes.
2. Quieren comprar ropa.
3. El vendedor es una mujer.
4. Compran una camisa azul.
5. Cuesta 29 euros.

1b. ¿Qué oyes?

1. No para ti.
   No es para ti.

2. ¿Sabe su número de pie?
   ¿Sabes su número de pie?

3. 19 euros.
   29 euros.

4. Es más cara que la corbata.
   Es tan cara como la corbata.

5. Prefiero la azul.
   Prefiero esta azul.

1c. Responde a las siguientes preguntas.

1. ¿Qué compran los protagonistas?
   ....

2. ¿Es de algodón o de seda?
   ....

3. ¿Cuánto cuesta?
   ....

4. ¿De qué talla es?
   ....

5. ¿Quién se la prueba?
   ....

2. Escucha y marca las consonantes que se enlazan.

Las palabras terminadas en consonante se enlazan con las siguientes que empiezan por vocal.

Me encantan estas.

Cuando una palabra termina por una consonante y la siguiente empieza por la misma, se pronuncian como una sola pero un poco más larga.

¿Sabes su número de pie?

1. ¿Qué tal una corbata?
2. Buscamos algo.
3. Dar una fiesta.
4. Es su cumpleaños.

3. Relaciona las preguntas con las respuestas y después con las imágenes.

a. ¿De qué talla?
b. ¿Cuánto cuesta?
c. ¿Es de algodón?
d. ¿Te queda bien?
e. ¿Me la puedo probar?

1. No, es de seda. C
2. La talla grande. E
3. Me queda un poco pequeña. D
4. 29 euros. B
5. Sí, allí está el probador. A

4. Completa el diálogo.

> ¿De qué talla? – ¿Me la puedo probar? – ¿Te queda bien? –La compramos – ¿Cuánto cuesta?

MARGA: ¿Esta camisa es de algodón?
DEPENDIENTE: Sí.
MARGA: *¿Cuánto cuesta?*
DEPENDIENTE: 29 euros.
INMA: Es tan cara como la corbata.
MARGA: Sí, pero la corbata es de seda. ¿Te gusta la camisa?
JOSÉ MARÍA: Prefiero esta azul.
MARGA: No sé, la roja es más bonita, ¿no?
DEPENDIENTE: *¿De qué talla?*
JOSÉ MARÍA: Miguel usa la talla mediana, como yo. *¿Me la puedo probar?*
DEPENDIENTE: Por supuesto. Allí está el probador.
MARGA: *¿Te queda bien?*
JOSÉ MARÍA: Sí, muy bien.
MARGA: *La compramos*.

5. Quieres comprar. Tu compañero es un vendedor. Haz el diálogo.

CAMISAS DE ALGODÓN 100%
AZUL MARINO, ROJO Y AMARILLO
navy blue 15 €
dress
PANTALONES DE VESTIR DE LANA
GRISES, AZULES Y MARRONES
¡OFERTA, 60 €!

Blusas de señora. Seda natural
Disponibles en rojo, azul y amarillo
93,99 €
Zapatos de piel para
señora y caballero
Últimos números 47 €

Vendedor	Comprador
¿Qué quiere / desea?	Quiero / Busco...
¿Cómo lo / la quiere?	Lo / La quiero...
Le gusta alguno/a?	Lo / La quiero de algodón / de seda...
¿De qué talla?	De la talla...
¿Qué tal le queda?	¿Cuánto cuesta?
	Me lo / la llevo.
	Lo / La compro.

Escucha este mensaje y responde a las preguntas.

a. ¿Qué oyes?

1. ☐ Busque las ofertas. ☐ Busque las abiertas. ☐ Busque las cubiertas.
2. ☐ Semana plástica. ☐ Semana fantástica. ☐ Semana gimnástica.

b. Completa el cuadro.

Traje: antes a **400 euros**, ahora a ....; Camisas: antes a ...., ahora a ....

c. Completa la frase.

Todas las .... a los mejores ....

d. Escoge la respuesta correcta.

1. ☐ Esta oferta dura una semana.   ☐ Esta oferta dura 15 días.
2. ☐ Rebajan todos los productos.   ☐ Rebajan sólo la ropa.
3. ☐ Rebajan las mejores marcas.   ☐ Rebajan todas las marcas.

A la escucha

1a. Relaciona y describe.

ROJO/A   AZUL   NEGRO/A

MARRÓN   GRIS

AMARILLO/A   VERDE   BLANCO/A

A

1. Lana   *La cazadora es de cuero marrón.*

B

2. Algodón ....

....

C

3. Seda ....

....

D

4. Cuero ....

1b. Escucha y completa el cuadro.

Ropa	Complementos
(la) chaqueta	(la) corbata
(la) camisa	(el) sombrero
(la) falda	(el) cinturón
(el) traje	(el) pañuelo
(el) jersey	(el) bolso
(los) zapatos	(el) guante

	Prenda de vestir	Color	Tejido
	chaqueta	azul	–
	....	....	....
	....	....	....
	....	....	....
	camisa	blanca	algodón
	....	....	....
	....	....	....

2. Describe la ropa de cada una de estas personas.

vaqueros = jeans
jersey = top
casadora = jacket

vestido purpura
botas de tecon alto

3. Observa esta figura de Miró y di qué ropa crees que lleva.

©Sucessió Miró, 2004

Joan Miró,
La caricia
de un pájaro,
1967

Bronce pintado,
*Fundación
Joan Miró
(Barcelona)*

4. Escucha este diálogo y marca las plantas que van a visitar.

DIRECTORIO   *basement*

Planta Sótano. Supermercado.

Pastelería. Panadería.

Planta Baja. Perfumería. Relojería.

Planta 1ª. Floristería. Farmacia.

Planta 2ª. Electrodomésticos.   *lavadora*

Planta 3ª. Ropa de hombre y mujer.

Planta 4ª. Zapatería.

Planta 5ª. Muebles.

Planta 6ª. Deportes.

Planta 7ª. Librería. Discos.

Planta 8ª. Cafetería. Restaurante.

N&N

C Gramática
Presentes regulares e irregulares

1a. Observa y completa.

Presentes regulares

Hablar	Beber	Vivir
hablo	*bebo*	vivo
hablas	*bebes*	*vives*
habla	bebe	vive
~~hablamos~~	*bebemos*	vivimos
habláis	bebéis	vivís
hablan	*beben*	*viven*

1b. ¿Cuál es *el* infinitivo de estos Presentes? Subraya los regulares.

1. Me encantan estas cazadoras. ENCANTAR
2. No sé su número. *SABER*
3. Buscamos algo para un amigo. *BUSCAR*
4. ¿Cuánto cuesta? *COSTAR*
5. Entonces, ¿compras la camisa? *COMPRAR*
6. Prefiero esta azul. *PREFERIR*
7. Miguel usa la talla mediana. *USAR*
8. Te queda bien. *QUEDAR suits u*

2a. Completa estos cuadros.

Presentes irregulares: E>IE

Pensar	Entender	Preferir
pienso	*entiendo*	prefiero
piensas	entiendes	*prefieres*
piensa	*entiende*	*prefiere*
pensamos	*entendemos*	*preferimos*
pensáis	entendéis	*preferís*
piensan	*entienden*	prefieren

Presentes irregulares: O>UE

Contar	Poder	Dormir
cuento	*puedo*	*duermo*
cuentas	puedes	*duermes*
cuenta	*puede*	*duerme*
contamos	*podemos*	dormimos
contáis	*podéis*	*dormís*
cuenten	*pueden*	*duermen*

Presentes irregulares: E>I

Pedir	Reír
pido	*río*
pides	ríes
pide	*ríe*
pedimos	*reímos*
pedís	reís
piden	*ríen*

2b. Completa las frases con los verbos en Presente.

1. Perdone, ¿cuánto *cuestan* estos pantalones, por favor? *(costar)*.
2. Muchas gracias, pero *prefiero* la falda roja *(yo/preferir)*.
3. ¿Dónde *contamos* probarme el vestido? *(poder)*.
4. ¿*Puedo* el dinero? A lo mejor no tenemos bastante *(nosotros/contar)*.
5. Esta talla es pequeña. ¿Le *pedimos* una talla más grande? *(nosotros/pedir)*.
6. ¿A qué hora *cierran* los grandes *departmunt* almacenes? *(ustedes/cerrar)*.
7. ¿Me *pruebo* la falda roja? *(yo/probar)*.
8. ¿*Quieres* comprar la camisa o la corbata? *(tú/querer)*.
9. ¿Dónde está mi amigo? ¿*sigue* dentro del probador? *(seguir)*.

2c. Clasifica los verbos anteriores.

E>IE	O>UE	E>I
preferir	*costar*	*pedir*
cerrar	*poder*	*seguir*
querer	*probar*	
	contar	

SER y *ESTAR* + la ropa. Comparativos

3a. **Completa el cuadro.**

Presentes totalmente irregulares

Ser	Ir	Ver	Dar	Saber
soy	voy	veo	doy	se
eres	vas	ves	das	sabes
es	va	ve	da	sabe
somos	vamos	vemos	damos	sabemos
sois	veis	veis		sabéis
son	van	ven		saben

3b. **Forma frases con estos elementos.**

1. supermercado /Mª Luisa / ir.

   Mª Luisa va al supermercado.

2. (Nosotros) el precio / saber / no.

   No sabemos

3. ¿Usted / la dependienta / ser?

   Es usted la dep

4. ¿(Usted) me / el ticket de compra / dar?

   Me da el ticket de

5. (Nosotros) una camisa / ir a comprar.

   Vamos a comprar una
   camisa

4a. **Observa.**

SER / ESTAR + la ropa

SER: para describir las características.

- SER + color: *Este jersey es rojo y amarillo.*

- SER DE COLOR + color: *Este jersey es de color rojo.*

- SER DE + material: *Este jersey es de lana.*

ESTAR: para describir resultados de un proceso.

ESTAR + adjetivo: *Está roto / viejo / sucio...*

ESTAR de moda: *Esta camisa ya no está de moda.*

ESTAR de rebajas: *La cazadora está de rebajas.*

4b. **Completa con *SER* o *ESTAR* y la preposición *DE* si es necesaria.**

- Perdone, ¿esta camisa ...es... de algodón?

- No señora, ...es... de seda.

- Es que busco una de algodón. ¿Hay?

- Sí, claro. Mire, esta ...es... algodón.

- ¡Ah, perfecto! Pero esta camisa ...esta... sucia, ¿no?

- No, este es su color. Pero mire, aquí tiene otros colores.

- Estupendo. ¿Y cuánto cuestan?

- Mire, esas ...están... rebajas. ...Son... más baratas.

- Sí, no ...están... caras, pero ya no ...están de... moda, ¿no?

- Es la moda del invierno pasado, todas ...son de... color rojo, blanco o negro.

- Prefiero estas. No ...están de... oferta, pero me gustan más.

- Muy bien.

5a. **Observa.**

Comparativos regulares

MÁS... QUE	*La falda es más cara que el jersey.*
MENOS... QUE	*La bufanda es menos elegante que la corbata.*
TAN... COMO	*Este zapato es tan grande como ese.*
IGUAL DE... QUE (coloquial)	*Este zapato es igual de grande que ese.*

Comparativos irregulares

más bueno que = MEJOR QUE	*Esta camisa es mejor que aquella.*
más malo que = PEOR QUE	*El algodón es peor que la lana.*

5b. **Observa esta ilustración y forma frases como en los ejemplos.**

El pantalón verde es más pequeño que el gris. La falda es más cara que el jersey. La blusa naranja ~~tiene~~ del mismo precio que los pantalones gris

1. Describe la ropa de una persona de la clase. Tus compañeros adivinan quién es.

Es una persona que lleva...

2. Compara estos zapatos. Busca las diferencias. Utiliza los comparativos.

A

B

Los de la derecha son más...

3. Los piropos. Inventa un piropo para tus compañeros.

Llevas una ropa muy elegante. Estás más guapa que nunca.

4. La clase se convierte en un mercado de segunda mano. La mitad de los alumnos vende su ropa y la otra mitad la compra.

Pedir un producto	
Vendedor	Cliente
¿Puedo ayudarle?	¿Tiene / Hay...?
¿Qué desea/quiere?	¿Me da...?
¿Algo más?	Sí, también quiero...
	No, nada más.

Identificar un producto	
Cliente	Vendedor
¿De qué color es?	Es de color + color
¿Es de...?	Es de + material
¿De qué talla es?	Es de la talla...
¿De qué número es?	Es del número...
Preguntar por el precio	
¿Cuánto cuesta / vale?	(Cuesta) + euros
¿Cuánto es?	(Son) + euros

Preguntar la forma de pagar	
Cliente ⟷	Vendedor
¿Cómo lo va a pagar?	¿Aceptan tarjetas (de crédito)?
¿En efectivo o con tarjeta?	Con tarjeta.
	En efectivo.
	¿Puedo pagar con tarjeta / talón?

5. Decide qué regalo comprar a un compañero.

¿Cómo es tu amigo/a?
¿Qué le vas a comprar?
¿Qué color va con él/ella?

triste   sofisticado   aburrido

alegre   tranquilo   divertido

6. Esta noche vas de fiesta: describe de qué manera te vas a vestir.

Diseñadores de moda

1. Lee estos textos.

ZARA

Amancio Ortega abre su primera tienda Zara en A Coruña (España) en 1975, y ahora está vendiendo ropa en todo el mundo sin hacer publicidad: 1.567 tiendas en casi 50 países.
Zara vende a sus clientes la última moda a muy buenos precios, ese es su éxito.

ADOLFO DOMÍNGUEZ

Adolfo Domínguez inventa en 1979 el siguiente eslogan publicitario: *La arruga es bella*. Desde entonces su fama es internacional: 229 tiendas en todo el mundo.
En su ropa usa materiales de primera calidad con un estilo *prêt-à-porter* (para la clase media–alta) y otro estilo de la alta moda. Adolfo Domínguez también vende perfumes.

CAROLINA HERRERA
NEW YORK

La diseñadora venezolana Carolina Herrera abre su primera tienda en Nueva York y ahora vende su moda en todo el mundo desde hace más de 20 años. "La moda cambia", dice Carolina Herrera, "pero algunas cosas no: la elegancia y el lujo". Estas palabras describen el estilo de su ropa. El nombre de Carolina Herrera también se conoce por sus perfumes.

a. Marca las casillas correctas.

	ZARA	AD	CH
1. Tiene tiendas en todo el mundo.	✓	✓	✓
2. Es española.	✓		
3. Es venezolana.			✓
4. Lleva más de 20 años diseñando moda.	✓	✓	✓
5. Hace moda de lujo.		✓	✓
6. La ropa no es cara.	✓		
7. Hace perfumes.		✓	✓

b. ¿Qué imagen crees que corresponde a cada diseñador? ¿Por qué?

Colección de primavera presentada en Nueva York.

CH

Tienda de ropa a buen precio.

Zara

Ropa para la clase media-alta.

AD

c. Elige lo mejor para ti de cada diseñador y escribe cómo es tu moda ideal.

📖 1. Observa y lee.

a. ¿Qué es TIJERAS?

- Un programa de televisión.
- Un periódico.
- ✓ Una revista.

b. ¿Cuál es la especialidad de TIJERAS?

- Viajes.
- Cine.
- ✓ Moda y belleza.
- Decoración.

front page

c. Las personas de la portada son los "nuevos top" españoles. ¿Qué profesión es?

- Diseñadoras.
- Modistas.
- Peluqueras.
- ✓ Modelos.

d. Elige uno de los modelos y describe la ropa que lleva.

e. ¿De qué temas trata TIJERAS? Marca las respuestas correctas.

- ✓ Vestidos de noche.
- Moda barata.
- ✓ El estilo de un artista valenciano.
- Perfumes de mujer.

- ✓ Ropa para hombres y mujeres.
- Venta a domicilio.
- ✓ Complementos más utilizados.
- ✓ Entrevistas a modelos.

Taller de Internet

Archivo Edición Ver Ir Favoritos Herramientas Ventana Ayuda   miér. 10:59 am   Internet Explorer

Sin título

Atrás Adelante Detener Actualizar Página principal Autorrelleno Imprimir Correo

Dirección:

Un regalo para un amigo

Si quieres hacer un regalo y no sabes qué comprar, visita la página www.elcorteingles.es

a) Pulsa en "Tienda de regalos".

b) Hay varias posibilidades de elección. Relaciona.

1. Si buscas un regalo según el tipo de persona.
2. Si buscas un regalo según los gustos.
3. Si buscas un regalo según el carácter.
4. Si buscas un regalo según el precio.

a. ¿Qué le gusta?
b. Precio.
c. ¿Para quién?
d. ¿Cómo es?

c) Pulsa en una de las opciones. ¿Qué vas a comprar? Elige un artículo y explica cómo es. ¿A quién se lo regalas? ¿Cuánto cuesta?

1. Las expresiones para comprar:

Pedir un producto	
Vendedor	**Cliente**
¿Puedo ayudarle?	¿Tiene / Hay...?
¿Qué desea/quiere?	¿Me da...?
¿Algo más?	Sí, también quiero...
	No, nada más.

Identificar un producto	
Cliente	**Vendedor**
¿De qué color es?	Es de color + *color*
¿Es de...?	Es de + *material*
¿De qué talla es?	Es de la talla...
¿De qué número es?	Es del número...
Preguntar por el precio	
¿Cuánto cuesta / vale?	(Cuesta) + euros
¿Cuánto es?	(Son) + euros

2a. Las prendas: la camisa, la cazadora, la chaqueta, el cinturón, la corbata, la falda, el jersey, los pantalones, el pañuelo, el sombrero, el traje, el vestido, los zapatos, etc.

2b. Los colores: amarillo, azul, blanco, gris, marrón, negro, rojo, verde, etc.

2c. Las secciones de unos grandes almacenes: la cafetería, los deportes, los discos, los electrodomésticos, la farmacia, la floristería, la librería, los muebles, la panadería, la pastelería, la perfumería, la relojería, el restaurante, la ropa de hombre y mujer, el supermercado, la zapatería, etc.

3a. Los verbos regulares en Presente:

Presentes regulares		
Hablar	**Beber**	**Vivir**
hablo	bebo	vivo
hablas	bebes	vives
habla	bebe	vive
hablamos	bebemos	vivimos
habláis	bebéis	vivís
hablan	beben	viven

3b. Los irregulares:

Presentes totalmente irregulares				
Ser	**Ir**	**Ver**	**Dar**	**Saber**
soy	voy	veo	doy	sé
eres	vas	ves	das	sabes
es	va	ve	da	sabe
somos	vamos	vemos	damos	sabemos
sois	vais	veis	dais	sabéis
son	van	ven	dan	saben

3c. Los verbos de cambio vocálico:

E>IE			O>UE			E>I	
Pensar	**Entender**	**Preferir**	**Contar**	**Poder**	**Dormir**	**Pedir**	**Reír**
pienso	entiendo	prefiero	cuento	puedo	duermo	pido	río
piensas	entiendes	prefieres	cuentas	puedes	duermes	pides	ríes
piensa	entiende	prefiere	cuenta	puede	duerme	pide	ríe
pensamos	entendemos	preferimos	contamos	podemos	dormimos	pedimos	reímos
pensáis	entendéis	preferís	contáis	podéis	dormís	pedís	reís
piensan	entienden	prefieren	cuentan	pueden	duermen	piden	ríen

1. Lee estos textos, escucha el diálogo y marca las actividades que oyes.

CADENA OIR — Cadena OIR.com

Programación

- ◠ 8:30 Noticias.
- ◠ 9:30 Opiniómetro. Programa de actualidad y debate.
- ◠ 11:00 Entrevista con... Pedro Almodóvar.
- ◠ 13.00 Las recetas de mi abuela. Curso de cocina.
- ◠ 15:00 Noticias.

1 tve

- ◠ **15:00** Telediario.
- ◠ **15:55** El tiempo.
- ◠ **16:00** Luna negra. Telenovela.
- ◠ **17:00** La Tarde. Magazine.
- ◠ **19:30** Fútbol.

Guía del Ocio de Madrid

◠ CENTRO CULTURAL DEL CÍRCULO DE LECTORES

Una exposición en Madrid muestra los poemas y dibujos de Rafael Alberti
El Centro Cultural Círculo de Lectores inaugura una exposición dedicada a los poemas y dibujos del poeta andaluz Rafael Alberti (Cádiz, 1902-1999).

EL ● MUNDO

◠ **LA PELÍCULA MÁS ESPERADA DEL CINE ESPAÑOL**

La última película de Almodóvar llega a las salas.
Pedro Almodóvar estrena su película más esperada, *La mala educación*.

CINCO HORAS CON MARIO — Teatro
Cinco horas con Mario
VUELVE A LA ESCENA LA OBRA DE MIGUEL DELIBES

2. ¿De qué deportes habla cada personaje?

A .... B .... C .... D ....

1a. ¿Qué oyes?

1. ◯ Ver la tele.
   ◯ Ver a Tere.
2. ◯ Ayer vieron fútbol.
   ◯ Ayer dieron fútbol.
3. ◯ Entonces haces como yo.
   ◯ Entonces haz como yo.
4. ◯ Estuve en los Alpes.
   ◯ Estuve en los Andes.
5. ◯ Y también juega al tenis.
   ◯ Y también jugué al tenis.

1b. Marca las casillas correctas.

	ELLA	ÉL
1. Quiere quedarse en casa.	◯	◯
2. Quiere ver la tele.	◯	◯
3. Hace gimnasia.	◯	◯
4. Hace *footing* por el parque.	◯	◯
5. No hace deporte.	◯	◯
6. Piensa que dan mucho fútbol por la tele.	◯	◯
7. Cree que la película es mala.	◯	◯
8. Propone ir al cine.	◯	◯
9. Propone ir a pasear.	◯	◯

1c. Marca la respuesta correcta.

	TAMBIÉN	NO
1. Quiere quedarse en casa. ¿Y ella?	◯	◯
2. Quiere ver fútbol. ¿Y ella?	◯	◯
3. Quiere ir al cine. ¿Y él?	◯	◯
4. Hace deporte. ¿Y él?	◯	◯
5. Quiere dar un paseo. ¿Y ella?	◯	◯
6. Quiere visitar a los padres de ella. ¿Y ella?	◯	◯

2. Separa las palabras que aparecen unidas.

1. ¿Noquieresiralcine?
2. Elpartidoesalassiete.
3. Vamosavisitaratuspadres.
4. EstuveenlosAndes.

3. Numéralos según el orden en que lo escuches.

a. ◯ Ir al cine.
   ◯ Id al cine.

b. ◯ Dar un paseo.
   ◯ Dad un paseo.

c. ◯ Visitar a tus padres.
   ◯ Visitad a tus padres.

d. ◯ Ver a mis padres.
   ◯ Ved a mis padres.

4. ¿Qué frases explican experiencias pasadas?

1. ◯ Voy a un gimnasio.
2. ◯ Fui montañero.
3. ◯ Estuve en los Andes.
4. ◯ Hago *footing* por el parque.
5. ◯ Jugué al tenis.
6. ◯ Mi hermana la vio.

5. Completa el diálogo con las frases del recuadro.

> Es que hay fútbol en televisión. –
> ¿Salimos? – Estupendo, allí hay tele. –
> Yo prefiero quedarme en casa.

- ¿Qué hacemos esta tarde?
- ○ ....
- ¿Tú qué prefieres?
- ○ ....
- ¿Y no quieres ir al cine o al teatro?
- ○ ....
- ¿Y si vamos a casa de mis padres?
- ○ ....

6. Completa este diálogo que termina la historia de la página 116.

> Hola, mamá. ¿Qué tal papá?
> Venimos a pasar la tarde con vosotros.

ELLA

> ¡Estupendo! ¿Por qué no ....?

Madre
Padre

> Es que Roberto quiere ver el fútbol.

> ¿Usted no quiere ....?

ÉL

> Es que a mí no ....
> Yo prefiero ....

Escucha este mensaje de radio y responde a las preguntas.

A la escucha

a. ¿Cómo se llama la emisora de radio?
- ☐ Instituto Opina.
- ☐ Cadena Oír.
- ☐ Opiniómetro.

b. ¿A qué hora empieza el programa? ....

c. Completa las frases: a. ¿.. los españoles sobre la televisión pública?

  b. ¿.. su programación?

  c. Queremos saber también .... de nuestros oyentes.

d. ¿Qué tienen que hacer los oyentes para opinar?..

e. Lee el tema del OPINIÓMETRO de la semana próxima y escribe el anuncio de radio.

¿Existen las gangas?

1. El 32% de los españoles compra ropa sobre todo en época de rebajas. Y el 8% sólo compra ropa rebajada.

2. El 70% de los ciudadanos opina que en realidad no existen las gangas, porque las tiendas rebajan la ropa de la temporada pasada.

3. Tres de cada cuatro españoles que compran en rebajas no están contentos con la ropa comprada.

Deportes y actividades de tiempo libre

1a. Relaciona los iconos con los deportes.

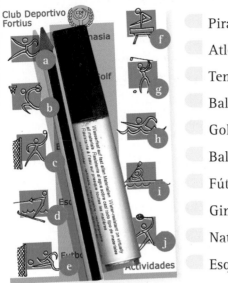

- Piragüismo (el)
- Atletismo (el)
- Tenis (el)
- Balonmano (el)
- Golf (el)
- Baloncesto (el)
- Fútbol (el)
- Gimnasia (la)
- Natación (la)
- Esquí náutico (el)

1b. Completa el cuadro. ¿Conoces algún deporte más?

Jugar a(l)	Hacer
Baloncesto	Atletismo
....	....
....	....
....	....

Jugar: cuando se usa una pelota.

2. Relaciona las palabras con las sugerencias.

Una tarde libre

- Ir al cine.
- Ir al teatro.
- Escuchar música.
- Ir a bailar.
- Navegar por Internet.
- Ver la tele.
- Pasear.
- Salir a cenar.
- Leer.
- Visitar museos.
- Practicar un deporte.
- Tocar un instrumento.

3. Escribe qué hiciste el fin de semana pasado.

Cine: ver películas de guerra, ciencia ficción, aventuras, amor, musicales, cómicas...

Teatro: obras modernas, clásicas, de ballet...

Música: clásica, *rock*, pop...

Museos: de arte, de ciencia, de historia...

Tele: un partido, una película, programas del corazón...

Deporte: jugar al tenis, hacer gimnasia...

El viernes por la tarde jugué al tenis con mi hermana y por la noche salí con unos amigos, fuimos a cenar y luego a bailar. El sábado ....

....

....

....

....

👁 **1a. Observa.**

Pretérito Indefinido regular	
verbos en –AR	*verbos en –ER y en –IR*
–é	–í
–aste	–iste
–ó	–ió
–amos	–imos
–asteis	–isteis
–aron	–ieron

✏ **1b. Completa el cuadro.**

Quedar	Comer	Salir
....	....	....
....	comiste	....
....	....	....
quedamos	....	....
....	....	....
....	....	salieron

✏ **2a. Pretéritos Indefinidos irregulares. Completa el cuadro.**

Estar	Ir/Ser	Venir	Hacer	Querer
estuve	....	vine	hice	....
....	fuiste	viniste	....	....
estuvo	....	....	....	quiso
....	fuimos	....	....	....
....	....	....	hicisteis	....
....	....	....	....	quisieron

Ver	Poder	Saber	Tener	Leer
vi	....	supe	....	....
....	pudiste	supiste	....	....
....	pudo	....	tuvo	leyó
vimos	....	....	tuvimos	leímos
....	....	....	....	....
....	....	supieron	....	....

✏ **2b. Pon los verbos de estas frases en Pretérito Indefinido.**

1. Quedo con mis amigos en el parque.

....

2. Tu padre y yo vemos el partido.

....

3. Estoy de acuerdo contigo.

....

4. Yo voy al gimnasio, hago *aerobic*.

....

5. El partido es a las siete y media.

....

6. Tú nunca quieres ir a ver a mis padres.

....

7. No puedo ir al cine.

....

8. Vemos el partido de fútbol.

....

9. Él no tiene tiempo.

....

✏ **3. Completa el cuadro.**

Pedir	Sentir	Dormir
pedí	....	....
....	sentiste	....
....	....	durmió
....	....	....
....	....	....
....	....	....

✏ **4. Completa el cuadro.**

Decir	Traer	Traducir
dije	traje	....
dijiste		tradujiste
dijo	trajo	....
dijimos	....	
dijisteis	....	tradujisteis
dijeron	....	

Preposiciones y verbos de movimiento. *COMO* y *PORQUE*

5. Forma preguntas en Pretérito Indefinido, como en el ejemplo.

1. Salir anoche (tú).

   ¿Saliste anoche?

2. Quedar para ir al cine *(ustedes)*.

   ....

3. Ver el partido de fútbol *(vosotros)*.

   ....

4. Ir a hacer gimnasia *(tú)*.

   ....

5. Traer las entradas de teatro *(usted)*.

   ....

6. Dormir la siesta esta tarde *(tú)*.

   ....

7. Pedir las entradas en la fila 5 *(ustedes)*.

   ....

8. Traducir este libro al español *(usted)*.

   ....

6a. Observa.

Verbos de movimiento + preposiciones		
Preposiciones	Significado	Ejemplo
a	Destino o movimiento	*Voy a un restaurante.*
de	Origen y procedencia	*Venimos de la oficina y estamos cansados.*
en	Medio de transporte	*¿Vamos en mi coche?*
por	- Recorrido	*Pasea por el parque todos los días.*
	- Tránsito	*No puedes pasar por esta calle.*

Observación:
Voy a casa. (Hay movimiento)
Estoy en casa / Me quedo en casa. (No hay movimiento)

6b. Escribe la preposición correcta.

1. Esta tarde nos quedamos .... casa.

2. Yo prefiero ir .... casa de tus padres.

3. Me gusta pasear .... calles pequeñas.

4. ¿Estuviste .... los Pirineos?

5. ¿Salimos .... cenar a una pizzería?

6. No me gusta andar .... este barrio.

7. ¡Hola! Venimos .... el teatro.

8. ¿Vamos .... la playa mañana?

9. ¿Cómo llegaste .... Madrid? ¿........ tren?

10. Salimos .... el restaurante muy tarde.

11. ¿Dónde están tus padres? ¿........ su casa?

12. Llegaron .... la discoteca muy tarde.

7a. Observa.

Expresar la causa	
Información + PORQUE + causa (en medio de la frase)	COMO + causa, + información (al principio de la frase)
La película es buena <u>porque</u> es de Almodóvar.	*<u>Como</u> es de Almodóvar, la película es buena.*

7b. Cambia la frase como en el ejemplo.

1. No quiere jugar al tenis porque está cansado.

   Como está cansado, no quiere jugar al tenis.

2. Volvieron tarde a casa porque la película fue muy larga.

   ....

3. No vamos a salir porque llueve.

   ....

4. Compra sólo cinco entradas porque Pedro no viene.

   ....

5. Prefiero pasear porque hace una buena tarde.

   ....

1a. Vamos a organizar una tertulia. Completa los cuadros con argumentos, con las ventajas y los inconvenientes.

Tema 1: Hacer deporte

Ventajas	Inconvenientes
– Es sano.	– Necesitas tiempo.

Tema 2: La televisón

Ventajas	Inconvenientes
– Entretenimiento.	– Malos programas.

1b. ¿Y tú qué piensas? Mira la lista de tu compañero y expresa tu opinión.

Expresar acuerdo	Expresar desacuerdo
(Estoy) de acuerdo con que...	No estoy de acuerdo con que...
Por supuesto, es verdad que...	No tienes razón en que...
Tienes razón en que...	¡Qué va! Yo no lo veo así.

Tienes razón en que la televisión es..., pero no estoy de acuerdo con que...

1c. Ahora organizamos un debate. Con tu grupo elige uno de los temas y discútelo con tus compañeros. Toma notas de las diferentes opiniones. Presenta a la clase los resultados.

2. Elige una actividad de la página 119, y proponla a la clase.

Proponer	Responder
¿Salimos?	Muy bien.
¿Vamos a...?	Buena idea / ¡Qué buena idea!
¿Por qué no...?	Mejor vamos a...
¿Qué tal si...?	Yo prefiero...
¿Y si...?	No, no puedo. Es que...

¿Qué tal si vamos al cine?

Muy bien.

Yo también.

Yo prefiero...

Entonces, ¿por qué no vamos a...?

3. ¿Te pasó de verdad? Explica a la clase una experiencia pasada y tus compañeros tienen que adivinar si todo lo que cuentas es verdad.

A los quince años gané un premio deportivo en mi ciudad. Mi nombre salió en los periódicos. Me dieron mucho dinero y me compré una moto.

Sí ganaste un premio, pero no salió en los periódicos.

Es verdad que salí en los periódicos. No es verdad que gané dinero.

Deportistas famosos

1. Lee los textos y completa el cuadro.

Raúl González

España. Con sólo 17 años fue el jugador de fútbol más joven en vestir la camiseta del Real Madrid, con el que lleva ganadas varias Ligas de España y Ligas de Campeones de Europa.

Pau Gasol

España. Fue jugador del FC Barcelona de baloncesto (1999-01), uno de los equipos más fuertes de la liga ACB de España. De aquí pasó a la NBA y fue nombrado mejor jugador nuevo en su primera temporada. Con la selección española ha ganado medallas en los campeonatos de Europa y del Mundo.

Arantxa Sánchez Vicario

España. Ganó tres veces el torneo de *Roland Garros* (1989, 1994 y 1998) y una el *Abierto* de Estados Unidos (1994). Fue la única española capaz de ocupar durante algunas semanas, en febrero de 1995, el primer puesto en la clasificación mundial de tenis femenino.

Fernando Alonso

España. Empezó a correr en la *Fórmula 1* en 2001 y ya es el piloto más joven en ganar un Gran Premio (Hungría).

Iván Pedroso

Cuba. Con sólo 1,77 m de altura fue campeón del mundo de salto de longitud en los *Mundiales de Atletismo* de 1995, 1996 y 1997.

Miguel Induráin

España. Ciclista vencedor cinco veces del *Tour* de Francia (desde 1991 a 1995) y dos del *Giro* de Italia (1992 y 1993). También fue Campeón del Mundo y Olímpico de contrarreloj. Está considerado el mejor deportista español de todos los tiempos y uno de los grandes maestros de la historia del ciclismo mundial.

Juan Carlos Ferrero

España. Empezó a jugar como tenista profesional en 1999, y en 2000 ganó la *Copa Davis* con el equipo de España. En 2003 ganó *Roland Garros* y en este año llegó al puesto nº 1 del Mundo.

Juan Manuel Fangio

Argentina. Ganó cinco ediciones del Campeonato del Mundo de *Fórmula 1* y está considerado como el mejor piloto de todos los tiempos. Murió en 1995.

Niurka Montalvo

Cuba. Nacionalizada española. Lleva ganadas varias medallas en salto de longitud en los Campeonatos *Mundiales de Atletismo*: plata en 1995, oro en 1999 y bronce en 2001.

Gabriela Sabatini

Argentina. Está considerada una de las mejores tenistas sudamericanas de todos los tiempos. Ganó un total de 25 títulos, entre los más importantes el *Máster* de 1988 y el *Abierto* de Estados Unidos.

Nombre	Nacionalidad	Deporte	Triunfos
Raúl González			
Pau Gasol			
Arantxa Sánchez Vicario			
Fernando Alonso			
Iván Pedroso			
Miguel Induráin			
Juan Carlos Ferrero			
Juan Manuel Fangio			
Niurka Montalvo			
Gabriela Sabatini			

1. Observa estos anuncios.

Guía del Ocio de Madrid

Cartelera de Madrid
CINE CARTAGO

Dirección: Calle Goya, 30
Metro: Velázquez
Teléfono: 91 305 09 93
Precios: (Todos los días): 5,5 euros. Primera sesión (martes, miércoles, jueves y viernes): 4,5 euros
Día del espectador: Lunes: 4 euros
Película: Hable con ella
Horarios: 16:30, 19:15 y 22:15

Teatro de Madrid
TEATRO CALDERÓN

Dirección: Calle Atocha, 18
Metro: Sol y Tirso de Molina
Teléfono: 91 429 58 90
Precios: de 25 a 63 euros
Miércoles y jueves precio reducido: de 21 a 57 euros

Obra: Cinco horas con Mario
Autor: Miguel Delibes
Directora: Sonia Álvarez
Horarios: de miércoles a sábados a las 19 y 22:30 h.
Domingos a las 17 y 20:30 h.
Lunes y martes, descanso

Restaurantes de Madrid
RESTAURANTE ABASCAL

Dirección: Calle José Abascal, 41
Metro: Gregorio Marañón
Teléfono: 91 399 16 33
Tipo de cocina: Mediterránea
Especialidad: carnes a la brasa
Precio: de 18 a 27 euros

La noche de Madrid
DISCOTECA LA CÁTEDRA

Dirección: Calle Príncipe de Vergara, 18
Metro. Príncipe de Vergara
Noches vivas en el barrio de Salamanca

Arte de Madrid
MUSEO CASA DE AMÉRICA

Dirección: Paseo de Recoletos, 2
Metro: Banco de España
Teléfono: 91 595 48 00
Horario: De martes a sábado de 11 a 14 y de 17 a 20 horas
Domingos y festivos de 11 a 14 horas. Lunes cerrado
Precio: entrada gratuita

a. ¿Qué actividades proponen?

b. Compara los horarios con los de tu país. ¿Son los mismos?

c. Organiza una tarde en Madrid según los horarios. Ahora propón el plan a un compañero. ¿Tiene él un plan mejor? ¿Estás de acuerdo con él?

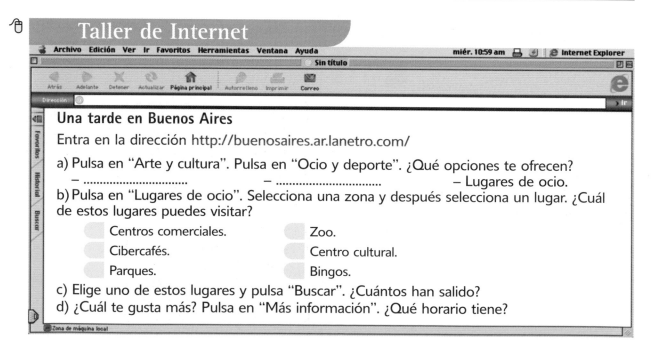

Taller de Internet

Archivo Edición Ver Ir Favoritos Herramientas Ventana Ayuda   miér. 10:59 am   Internet Explorer

Sin título

Atrás Adelante Detener Actualizar Página principal Autorrelleno Imprimir Correo

Dirección:

Una tarde en Buenos Aires

Entra en la dirección http://buenosaires.ar.lanetro.com/

a) Pulsa en "Arte y cultura". Pulsa en "Ocio y deporte". ¿Qué opciones te ofrecen?
  – .... – .... – Lugares de ocio.

b) Pulsa en "Lugares de ocio". Selecciona una zona y después selecciona un lugar. ¿Cuál de estos lugares puedes visitar?

- Centros comerciales.
- Zoo.
- Cibercafés.
- Centro cultural.
- Parques.
- Bingos.

c) Elige uno de estos lugares y pulsa "Buscar". ¿Cuántos han salido?

d) ¿Cuál te gusta más? Pulsa en "Más información". ¿Qué horario tiene?

Zona de máquina local

1a. Las expresiones para opinar:

Preguntar la opinión	Expresar la opinión
¿Qué opinas / piensas / crees? ¿(A ti) qué te parece? ¿Cuál es tu opinión sobre...?	Creo / opino / pienso que... (A mí) me parece que... Para mí... / En mi opinión...

Expresar acuerdo	Expresar desacuerdo
(Estoy) de acuerdo con que... Por supuesto, es verdad que ... Tienes razón en que...	No estoy de acuerdo con que... No tienes razón en que... ¡Qué va! Yo no lo veo así.

1b. Y para proponer y responder a una propuesta:

Proponer una actividad	Responder
¿Salimos? ¿Vamos a...? ¿Por qué no...? ¿Qué tal si...? ¿Y si...?	Muy bien. / Perfecto. Mejor vamos a... Yo prefiero... No, no puedo. Es que...

2a. Los deportes: el atletismo, el baloncesto, el balonmano, el esquí náutico, el fútbol, la gimnasia, el golf, la natación, el piragüismo, el tenis, etc.

2b. Y las actividades de tiempo libre: bailar, escuchar música, ir a bailar, ir al cine, ver películas, ir al teatro, leer, navegar por Internet, pasear, practicar deporte, tocar un instrumento, ver en la tele, visitar museos, etc.

3a. Los verbos regulares en Indefinido:

Pretérito Indefinido regular	
verbos en –AR	*verbos en –ER y en –IR*
–é	–í
–aste	–iste
–ó	–ió
–amos	–imos
–asteis	–isteis
–aron	–ieron

3b. Los irregulares:

Poder	Pud-	–e
Saber	Sup-	–iste
Tener	Tuv-	–o
Estar	Estuv-	–imos
Querer	Quis-	–isteis
Venir	Vin-	–ieron
Hacer	Hic/z	

Decir Traer Traducir	Dij- Traj- Traduj-	–e –iste –o –imos –isteis –eron

1. Escucha y completa el texto con una de las expresiones.

> ¿Cómo quedamos? – Soy yo. – Lo siento. – ¡Dígame! – A las 7 en... – ¿Está Bea? – Es que...

• *Al teléfono*

BEA: ¡...........! (1)

SOLE: ¿.............. (2), por favor?

BEA: Hola, Sole. .... (3)

SOLE: ¡Ah, hola Bea! Mira, hemos quedado para ir al cine esta tarde, ¿venís?

BEA: ¿Al cine? .... (4), no podemos. .... (5) mi marido trabajó ayer todo el día y llegó muy tarde a casa. Está descansando.

SOLE: Pues ven tú. Él puede unirse a nosotros a la salida, ¿no?

BEA: Es verdad. ¿.................................? (6)

SOLE: .... (7) la puerta del Tívoli. La sesión empieza a las siete y cuarto.

BEA: Muy bien. Luego nos vemos.

2. Lee estos mensajes, escucha el resto del diálogo y di qué mensajes corresponden con el diálogo.

1 — He salido tarde de casa, estoy en un atasco en la Gran Vía, lo siento.

2 — ¿Has llegado a tiempo?

3 — No te esperamos más. Nos vemos luego.

4 — Ya estamos todos. Te esperamos 5 minutos y luego entramos.

Comprensión y práctica **A**
Quedando con amigos

1a. Marca la respuesta correcta.

1. ⬭ Bea habla con Sole.
⬭ El marido de Bea habla con Sole.

2. ⬭ Bea va al cine con su marido.
⬭ Bea va al cine con sus amigos.

3. ⬭ Han quedado a las 7.
⬭ Han quedado a las 7 y cuarto.

4. ⬭ Pedro viene en metro.
⬭ Pedro viene en coche.

5. ⬭ Pedro escribe un mensaje a José Carlos.
⬭ Pedro escribe un mensaje a Sole.

6. ⬭ Hay dos conversaciones telefónicas.
⬭ Hay una conversación telefónica.

1b. ¿Qué oyes?

1. ⬭ Llegó muy tarde.
⬭ Llego muy tarde.

2. ⬭ Está descansando.
⬭ Está descansado.

3. ⬭ Pues ve tú.
⬭ Pues ven tú.

4. ⬭ Pedro suele llegar tarde.
⬭ Pedro puede llegar tarde.

5. ⬭ Oyes fiesta.
⬭ Hoy es fiesta.

6. ⬭ ¿Qué has escrito?
⬭ ¿Qué le has escrito?

2a. Escucha y di qué palabra oyes.

En español la sílaba tónica es variables. Esto diferencia palabras.

tarde / tardé

a. ⬭ Llego   c. ⬭ Trabajo
⬭ Llegó   ⬭ Trabajó

b. ⬭ Esta   d. ⬭ Atasco
⬭ Está   ⬭ Atascó

2b. Escucha y subraya la sílaba tónica.

RECUERDA:
• Si la palabra lleva acento escrito, esa es la sílaba tónica.

¡Dígame!

• Si la palabra no lleva acento escrito, la sílaba tónica es:
a) La penúltima si la palabra termina en vocal, *n o s*.
Hola   Trabajo
b) La última si la palabra acaba en consonante, excepto *n o s*.
Verdad   Favor

a. Teléfono   g. Llegar
b. Cine   h. Recibido
c. Venís   i. Mensaje
d. Ayer   j. Responder
e. Descansando k. Fiesta
f. Sesión   l. Entramos

3. Escucha y ordena esta conversación.

- a. No está. Puedes llamarla a su móvil.
- b. ¿De parte de quién?
- c. ¿Está Claudia, por favor?
- d. ¡Ah! ¿Le digo algo de tu parte?
- e. ¿Sí? ¡Dígame!
- f. Ya la he llamado, pero sale el contestador.
- g. Gracias. Adiós.
- h. No, es igual, la llamo después.
- i. De Olga.
- j. Muy bien, pues hasta luego.

2

¿Sí?
¿Está Alba, por favor?
....
De Juan Ruiz.
....
....

3

¡Dígame!
¿Diego?
....
Ah, perdón.

4. Completa los diálogos con las frases del recuadro.

a. Sí, ahora se pone.	d. ¿De parte de quién, por favor?
b. No, se ha equivocado.	e. Lo siento, en este momento no está.
c. Gracias.	f. ¡Diga!

1

....
¿Está Pedro?
....
Ah, bueno. Pues llamo luego.

5. Escucha la conversación telefónica entre José Carlos y Pedro, y complétala.

JOSÉ CARLOS: Es Pedro. ¡.........................!

PEDRO: ...., José Carlos, ya he aparcado el coche, llego en un minuto.

JOSÉ CARLOS: ¿.....................?..................... nada.

PEDRO: José Carlos, ¿.....................? .... Pedro.

JOSÉ CARLOS: Nada, se .... Vamos a entrar en el cine. No esperamos más.

Escucha este contestador automático y responde a las preguntas.

a. ¿Cuántos mensajes nuevos hay? ....

b. ¿De qué día y mes son los mensajes? ....

c. ¿De quién es el contestador? ☐ Inés. ☐ Luisa. ☐ Una agencia de viajes.

d. ¿Qué tiene que hacer la persona que escucha el mensaje? Marca todas las respuestas correctas.

☐ Llamar a Inés. ☐ Esperar una nueva llamada de Inés.

☐ Llamar a Luisa. ☐ Esperar una nueva llamada de Luisa.

☐ Llamar a la agencia de viajes. ☐ Esperar una nueva llamada de la agencia.

A la escucha

Acciones habituales. Hablar por teléfono

1a. ¿Qué hace este personaje? Escribe las acciones.

....

....

Sale de trabajar.
....

1b. Santiago trabaja por la noche. Escucha qué ha hecho y ordena las ilustraciones anteriores.

1c. Escucha otra vez y marca qué ha hecho y qué no ha hecho hoy.

	Ha hecho	No ha hecho
1. Se ha levantado.	✓	
2. Ha comido.		
3. Ha visto la televisión.		
4. Ha ido al cine.		
5. Ha cenado.		
6. Ha ido a trabajar.		
7. Ha salido una hora más tarde.		
8. Ha tomado un café con sus compañeros.		
9. Ha vuelto a casa.		
10. Ha desayunado.		
11. Se ha acostado.		

2a. Relaciona.

EXPRESIÓN	SIGNIFICADO
a. ¿A qué hora?	1. Decir la hora y el lugar de la cita.
b. Soy Enrique Sanz.	2. Preguntar por alguien.
c. Lo siento.	3. Decir que la persona va a hablar.
d. ¿Dígame?	4. Pedir perdón.
e. A las 4:30 en...	5. Poner una excusa.
f. ¿Quiere dejarle un recado?	6. Identificarse.
g. ¿Está el señor Vilanova?	7. Contestar al teléfono.
h. Es que no puedo.	8. Preguntar la hora de la cita.
i. No, se ha equivocado.	9. Preguntar quién llama.
j. ¿De parte de quién, por favor?	10. Decir que la persona no está.
k. El señor Vilanova no está.	11. Dejar un mensaje.
l. Sí, ahora se pone.	12. Decir que el número es incorrecto.

2b. Completa esta conversación telefónica con algunas frases anteriores.

- Compañía de Informes, ¿.....................?
- Buenas tardes. ¿Está el señor Vilanova?
- ¿..............................?
- De Enrique Sanz, del Banco de Barcelona.
- ...., el señor Vilanova no está. ¿Puede llamar más tarde?
- ...., voy a tomar el avión en este momento.
- ¡Ah! Entonces, ¿.............................?
- Sí, pregúntele si podemos vernos mañana por la tarde.
- ¿.............................?
- A las 4:30 en el banco.
- Muy bien. Yo se lo digo.
- Muchas gracias. Adiós.

1a. Observa.

Participio regular	
Verbos en –AR	Verbos en –ER, –IR
radical + –ADO	radical + –IDO
(hablar – hablado)	*(beber – bebido)*
	(vivir – vivido)
Algunos participios irregulares	
abrir: abierto	**poner:** puesto
decir: dicho	**romper:** roto
escribir: escrito	**ser:** sido
hacer: hecho	**ver:** visto
morir: muerto	**volver:** vuelto

1b. Escribe el participio.

a. Tener: ....
b. Dar: ....
c. Decir: ....
d. Pedir: ....
e. Quedar: ....
f. Querer: ....

g. Dormir: ....
h. Ver: ....
i. Romper: ....
j. Devolver: ....
k. Hacer: ....
l. Responder: ....

2a. Observa y completa el cuadro.

Pretérito Perfecto			
Presente del verbo HABER + Participio			
	Hablar	Beber	Vivir
Yo	he hablado	....	....
Tú	....	has bebido	....
Él, ella, usted	....	....	....
Nosotros, as	....	....	....
Vosotros, as	....	....	....
Ellos, ellas, ustedes	....	....	....

2b. Sigue el ejemplo.

a. Ver *(vosotros)* — Habéis visto
b. Hacer *(yo)* ....
c. Estar *(ustedes)* ....
d. Llegar *(usted)* ....
e. Recibir *(tú)* ....
f. Ir *(ella)* ....
g. Decir *(nosotras)* ....

2c. Completa las frases con los verbos del recuadro en Pretérito Perfecto.

> decir – empezar – esperar – ir – llamar – oír – quedar – responder – tomar – dejar- recibir

1. ¿Ha ..... *empezado* ..... la película?
2. No (yo) .... con Pedro porque está trabajando.
3. ¿(Tú) .... a Carolina por teléfono?
4. (Yo) .... un mensaje en el contestador.
5. Primero (nosotras) .... el metro y después un autobús.
6. Te (ellos) .... hasta las cinco y después se ....
7. (Yo) .... un *e-mail*, pero no ....
8. ¿Qué (él) ....? No lo sé, no lo (yo) ....

3. Observa y forma frases como en el ejemplo.

> **YA:** indica que una acción esperada se ha realizado.
> *Ya he quedado con Jaime.*
>
> **TODAVÍA / AÚN + NO:** indica que una acción esperada no se ha realizado, pero la intención es realizarla.
> *Todavía no he quedado con Jaime.*

1. ¿Echarse / siesta / tú?
   ¿Ya te has echado la siesta?
   ¿Todavía no te has echado la siesta?

2. Llegar / a casa / ella
   ....

3. Responder / al mensaje / ustedes
   ....

4. ¿Recibir / la llamada / vosotros?
   ....

4. Observa y contesta a las preguntas con el Pretérito Perfecto o el Pretérito Indefinido.

Pretérito Perfecto	Pretérito Indefinido
– Se usa con **hoy, esta mañana, esta semana, este mes, últimamente, hace un rato...** *Esta mañana me he levantado pronto.*	– Se usa con **ayer, el otro día, la semana pasada, el mes pasado, en julio, en 1980, hace dos meses...** *El año pasado estuve en los Andes.*
* En América Latina y en algunas partes de España se utiliza en los dos casos el Indefinido: *Hoy me levanté pronto.*	
– También expresa acciones pasadas sin especificar cuándo se realizaron. *¿Has estado en España?*	– Se usa en las biografías para contar hechos. *Neruda nació en Chile, escribió poemas y recibió el Premio Nobel.*

1. ● ¿Has visto la última película de Almodóvar?
   ○ Sí, la vi hace un mes.
2. ● ¿Has comido alguna vez churrasco?
   ○ Sí, lo .... cuando .... en Argentina el año pasado.
3. ● ¿Habéis visto a Pedro?
   ○ Sí, lo .... hace un rato en la Gran Vía.
4. ● ¿Has telefoneado a Isabel?
   ○ Sí, la .... esta mañana a su oficina.
5. ● ¿Han venido tus amigos cubanos?
   ○ Sí, ... ayer por la mañana.
6. ● ¿Has quedado con Elvira?
   ○ Sí, ... con ella hoy a las 9 y media.
7. ● ¿Habéis escrito a vuestros padres?
   ○ Sí, les .... el otro día.

5. Completa el cuadro y después inventa minidiálogos para cada imagen, como en el ejemplo.

Expresar frecuencia	
+	siempre
	casi siempre
	generalmente / normalmente
	a menudo
	a veces
	casi nunca (no + verbo + casi nunca)
–	nunca (no + verbo + nunca)

Presentes del verbo *SOLER*	
Yo	suelo
Tú	....
Él, ella, usted	....
Nosotros, as	....
Vosotros, as	....
Ellos, ellas, ustedes	....

● ¿Sueles llamar por teléfono o escribir mensajes?
○ Casi siempre llamo por teléfono.

....
....
....
....
....
....
....
....
....
....
....
....

D Expresión oral
Quedar. Hablar por teléfono

1a. Infórmate con qué frecuencia tus compañeros hacen estas actividades.

Quedan con... Hablan por teléfono con... Escriben *e-mail* a... Chatean en Internet con... Escriben mensajes SMS a... Escriben cartas a...	sus amigos/as.

¿Sueles quedar con amigos?

Sí, varias veces a las semana.

¿Y sueles escribirles cartas?

No, nunca.

Perder el móvil.

Viajar al extranjero.

Ver películas españolas.

– ¿Has... alguna vez?

– Siempre.
– Casi siempre.
– Muchas veces.
– Varias veces.
– Una vez.
– No, nunca.

Escribir mensajes SMS.

Hacerse un tatuaje.

Estar hospitalizado/a.

Llegar tarde a una cita.

Ir a un gimnasio.

Yo nunca he perdido el móvil. Pero he estado hospitalizado varias veces. La última vez fue en 1999 por una apendicitis.

1b. Ahora uno del grupo expone a la clase los resultados.

En mi grupo, todos quedan con sus amigos, la mayoría una o dos veces a la semana. Pero ninguno...

2. Cuenta qué sueles hacer los fines de semana.

3. ¿Has tenido alguna de estas experiencias? Habla con tus compañeros e infórmate.

¿Has viajado alguna vez al extranjero?

Sí, muchas veces. He estado en...

¿Cuándo fue la última vez que estuviste en...?

4. Tira el dado y escenifica la llamada con tu compañero.

El juego del teléfono

1. Llamas a un amigo/a. No está en casa pero su hermano/a anota tu mensaje.

2. Invitas a un amigo/a a una fiesta mañana pero no puede ir porque está enfermo/a.

3. Llamas a la consulta del médico, para pedir una cita.

4. Llamas a un amigo/a. Te has equivocado y confirmas el número con la persona.

5. Llamas a un amigo/a para quedar. Tú prefieres el viernes por la tarde, pero él/ella sólo puede el sábado al mediodia.

6. Llamas al banco. Quieres hablar con el director/a pero no está. Dices que vas a llamar más tarde.

Ciudades Patrimonio de la Humanidad

1. Escucha esta noticia de radio y responde a las preguntas.

  a. ¿Qué significa ser Patrimonio de la Humanidad? ¿Qué organismo internacional elige las ciudades Patrimonio de la Humanidad?

  b. ¿Dónde están Valparaíso y Panamá Viejo?

  c. ¿Qué país de habla hispana tiene más ciudades Patrimonio de la Humanidad?

  d. Escucha otra vez la noticia de radio y localiza en los mapas de este libro todas las ciudades Patrimonio de la Humanidad.

  e. ¿Hay alguna ciudad en tu país declarada Patrimonio de la Humanidad?

2. Lee estos textos y relaciónalos con las imágenes. ¿Qué ciudad te gusta más para unas vacaciones? ¿Por qué?

Sucre

Sucre es sin lugar a dudas una de las ciudades más bellas de Sudamérica. Es conocida también como la "Ciudad Blanca", con hermosos edificios neoclásicos y magníficas iglesias coloniales. Paseando por el centro de la ciudad se puede disfrutar de la bella "Plaza del 25 de Mayo" y a su alrededor, la Catedral, el Palacio del Gobierno, la Alcaldía y la famosa "Casa de la Libertad", lugar donde se declaró la independencia de Bolivia en 1825.

Monumento a Colón y primeros edificios coloniales de América.

Trinidad de Cuba

Es un lugar por donde no pasa el tiempo, es una ciudad-museo donde se respira el ambiente colonial gracias a sus coloridos edificios neoclásicos y barrocos y a las ricas tradiciones que corren de boca en boca, desde los tiempos de piratas. Pero Trinidad tiene también playas de ensueño, impresionantes saltos de agua y una de las mayores zonas montañosas del Caribe.

Catedral y calles blancas.

Santo Domingo

Es una ciudad mezcla de la sofisticación del mundo moderno y del encanto del viejo mundo. Esta ciudad cosmopolita gusta por su divertida vida nocturna y sus atractivas opciones de compras, todo en el marco de un patrimonio histórico único en América Latina. Sus calles toman vida a todas horas, y son el sitio de encuentro de dominicanos y visitantes.
Esta es una ciudad con la primera catedral del Nuevo Mundo, el primer fuerte, monasterio, hospital, universidad, calle y palacio.

Calle barroca y colonial.

Puedes encontrar información sobre algunas de estas ciudades en estas direcciones de Internet:

www.ciudadespatrimonio.org   www.ciudadesmexicanaspatrimonio.org   www.patrimonio-mundial.com

1. Lee la historieta y contesta a las preguntas.

a. ¿Qué planes le proponen a Luis?

b. Escribe todas las excusas de Luis.

c. Al final del día, ¿qué ha hecho Luis?

d. En la viñeta 3 Luis habla por teléfono con Carlos. Imagina qué dice Carlos y escribe la conversación completa.

e. ¿Por qué cree Luis que ha terminado su juventud? ¿Y tú? ¿Crees que quedar con los amigos es sólo una actividad de los jóvenes?

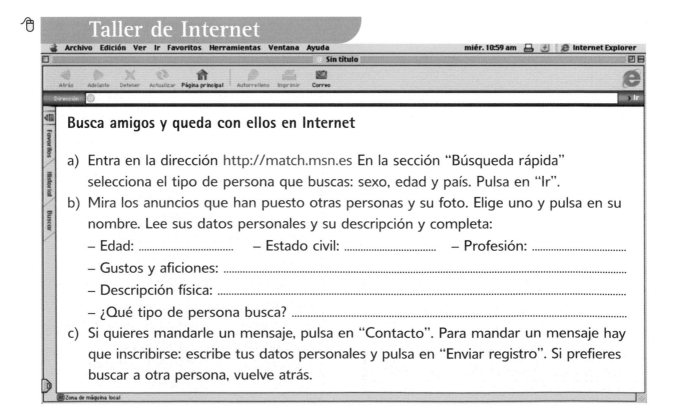

Taller de Internet

Busca amigos y queda con ellos en Internet

a) Entra en la dirección http://match.msn.es En la sección "Búsqueda rápida" selecciona el tipo de persona que buscas: sexo, edad y país. Pulsa en "Ir".

b) Mira los anuncios que han puesto otras personas y su foto. Elige uno y pulsa en su nombre. Lee sus datos personales y su descripción y completa:

– Edad: .... – Estado civil: .... – Profesión: ....

– Gustos y aficiones: ....

– Descripción física: ....

– ¿Qué tipo de persona busca? ....

c) Si quieres mandarle un mensaje, pulsa en "Contacto". Para mandar un mensaje hay que inscribirse: escribe tus datos personales y pulsa en "Enviar registro". Si prefieres buscar a otra persona, vuelve atrás.

1a. Las expresiones para hablar por teléfono:

Significado	Expresión
Contestar al teléfono.	¿Dígame?
Preguntar si está alguien.	¿Está el señor...?
Preguntar quién llama.	¿De parte de quién, por favor?
Identificarse.	Soy...
Decir que la persona va a hablar por teléfono.	Sí, ahora se pone.
Decir que la persona no está.	El señor... no está.
Dejar un recado o un mensaje.	¿Quiere dejarle un mensaje?
Decir que el número es incorrecto.	No, se ha equivocado.

1b. Y para hablar de la frecuencia:

¿Sueles + infinitivo?	(Casi) siempre Generalmente / Normalmente A menudo A veces (Casi) nunca	Una vez al día / semana / mes Varias veces al día / semana Todos los días / semanas / meses Cada día / semana / mes

2. Las acciones habituales: levantarse de la cama, desayunar, trabajar, tomar un café, comer, volver a casa, ir al cine, cenar, ver la televisión, acostarse, etc.

3a. Los Participios:

Participio regular	
Verbos en –AR	Verbos en –ER, –IR
radical + –ADO	radical + –IDO
(hablar – hablado)	*(beber – bebido)* *(vivir – vivido)*

3b. Los verbos en Pretérito Perfecto:

Pretérito Perfecto		
Presente del verbo HABER + Participio		
Hablar	Beber	Vivir
he hablado	he bebido	he vivido
has hablado	has bebido	has vivido
ha hablado	ha bebido	ha vivido
hemos hablado	hemos bebido	hemos vivido
habéis hablado	habéis bebido	habéis vivido
han hablado	han bebido	han vivido

3c. El contraste entre el Perfecto y el Indefinido:

Pretérito Perfecto	Pretérito Indefinido
– Se usa con hoy, esta mañana, esta semana, este mes, últimamente, hace un rato... *Esta mañana me he levantado pronto.*	– Se usa con ayer, el otro día, la semana pasada, el mes pasado, en julio, en 1980, hace dos meses... *El año pasado estuve en Los Andes.*
– También expresa acciones pasadas sin especificar cuándo se realizaron. *¿Has estado en España?*	– Se usa en las biografías para contar hechos. *Neruda nació en Chile, escribió poemas y recibió el Premio Nobel.*

1. Escucha el diálogo y completa los datos.

PARTE DE ACCIDENTE

FECHA DEL ACCIDENTE			HORA	CALLE O LUGAR	CIUDAD	PAÍS
Día	Mes	Año	17:42	Plaza de la Constitución, 78	Valencia	España
25	mayo	2004				

DATOS CONDUCTOR A

Nombre: Manuel

Apellidos: Jiménez del Río

DNI: 02.562.147

Dirección: Paseo de la Ribera, 123

Ciudad: Valencia   Código Postal: 46002

País: España   Teléfono: 96.254.12.36

DATOS VEHÍCULO A

Matrícula: 5897 BFG

Marca y modelo: Mercedes C180

Color: rojo

Compañía de Seguros: Seguridad Vial

Nº de póliza: P-25698

DAÑOS VEHÍCULO A

Puerta del conductor y ....

....

....

DESCRIPCIÓN DEL ACCIDENTE

Yo estaba parado en un semáforo detrás
de un camión. El semáforo se puso verde
y el camión no arrancaba ....

....

....

....

....

Heridos: Sí ⬭   No ⬭

DATOS CONDUCTOR B

Nombre: Cristóbal

Apellidos: Silla Salamanca

DNI: ....

Dirección: ....

Ciudad: .... Código Postal: ....

País: .... Teléfono: ....

DATOS VEHÍCULO B

Matrícula: ....

Marca y modelo: Moto Vespa

Color: azul

Compañía de Seguros: Tráfico Seguro

Nº de póliza: 125689-PH

DAÑOS VEHÍCULO B

....

....

LOCALIZACIÓN DE LOS DAÑOS

1a. Indica la respuesta exacta.

1. Manuel...
- conoce todos los datos.
- no sabe la dirección del otro.
- no conoce su código postal.

2. El motorista...
- llevaba puesto el casco.
- no tenía casco.
- lo llevaba en la mano.

3. En el accidente...
- el coche de Manuel chocó contra el camión.
- la moto chocó contra el camión.
- la moto chocó contra el coche de Manuel.

4. El semáforo estaba...
- verde.
- rojo.
- averiado.

5. El camión no se movía...
- porque estaba averiado.
- porque pasaba un niño.
- porque pasaba una persona mayor.

6. La culpa del accidente fue...
- de Manuel.
- del conductor de la moto.
- del conductor del camión.

1b. ¿Qué oyes?

1.
- ¿Fue un choque con una moto?
- Fue un choque con una moto.

2.
- ¿Sabe los datos del otro conductor?
- Sabe los datos del otro conductor.

3.
- ¿No pasa nada?
- No pasa nada.

4.
- ¿Estaba averiado?
- Estaba averiado.

5.
- ¿Llevaba el casco?
- Llevaba el casco.

6.
- ¿La culpa fue suya?
- La culpa fue suya.

2. Escucha y repite estas frases. Di si tienen 1 grupo fónico ó 2.

La frase se divide en grupos fónicos: partes del discurso que están entre dos pausas.

1. No se preocupe, yo le ayudo.
2. ¿Su carné de identidad, la dirección?
3. Yo estaba parado en un semáforo.
4. Toqué el claxon pero el camión no se movía.
5. ¿Y el conductor de la moto está grave?
6. Porque estaba pasando un peatón.

3a. Relaciona las palabras con las ilustraciones.

1. Está arrancando.

2. Está girando.

3. Está adelantando.

4. Está averiado.

3b. Relaciona las palabras con la imagen.

semáforo - parachoques - conductor - faro - matrícula - volante - rueda - puerta - peatón

a. ....   f. ....

b. ....   g. ....

c. ....   h. ....

d. ....   i. ....

e. ....

SEGUROS DE ACCIDENTE

Escucha la siguiente grabación y responde a las preguntas.

a. Completa el texto.

Está usted en .... con Mutua Madrileña Automovilista. Nuestro .... de .... en el que podemos realizar sus gestiones por .... es de .... horas de .... a ....; los ...., de .... horas.

b. ¿Cómo se pueden enviar los datos de un siniestro?

    Por teléfono.   Por correo electrónico.   Por fax.

c. ¿Qué servicios tienen el mismo fax que "Producción"?

    Pólizas.   Siniestros.   Recibos.

d. Imagina que eres Manuel Jiménez del Río y llamas al seguro para dar el parte de accidente de la página 136. Un compañero responde al teléfono y toma los datos.

A la escucha

El coche. Señales de tráfico. Conducir

1. Consejo para conductores. Lee este texto y escribe el vocabulario en las ilustraciones.

Antes de conducir

- Ponga el **asiento** a la altura correcta: el pie derecho tiene que llegar bien a los pedales del freno y del acelerador. El pie izquierdo sólo debe pisar el embrague para cambiar de marcha.
- Ponga el asiento a la distancia correcta del **volante.** Las dos manos deben ir siempre en el volante, excepto para utilizar la **palanca de cambio** de marchas.
- Coloque bien los **retrovisores** o espejos interiores y exteriores.
- Limpie el **parabrisas** para poder ver bien y compruebe si los **limpiaparabrisas** funcionan correctamente.

Conduciendo

- El conductor y todos los pasajeros deben llevar el cinturón de seguridad.
- Respete la velocidad. En España el **límite de velocidad** es: 50 km/h por ciudad, 90/100 por carretera y 120 por **autovía** y **autopista.**
- Respete las señales de tráfico.
- Respete la **distancia de seguridad** con el coche que va delante.
- Pare para descansar cada 2 horas o cada 200 km en las **zonas de descanso.**

Al aparcar

- Respete los **pasos de peatones.**
- Respete los **vados** permanentes.

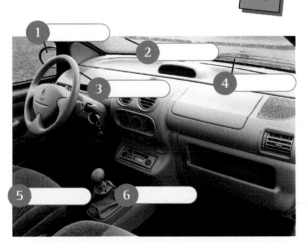

a. .... b. ....

c. .... d. ....

e. .... f. ....

g. ....

2a. Escucha esta información de tráfico y completa el cuadro.

Carretera	Ciudad	Problemas	Motivos
A6		retención	
	Lérida		
			camión averiado
		circulación lenta	
nacional 550			obras

2b. Relaciona las palabras con el mismo significado.

a. Accidente   1. Retención
b. Atasco   2. Cuidado
c. Precaución   3. Tráfico
d. Circulación   4. Choque

👁 **1a. Observa y completa el cuadro.**

Pretérito Imperfecto regular	
–AR	**–ER / –IR**
–aba	–ía
–abas	–ías
–aba	–ía
–ábamos	–íamos
–abais	–íais
-aban	-ían

	Hablar	Beber	Vivir
Yo	hablaba		
Tú	hablabas		
Él, ella, usted	hablaba		
Nosotros, as	hablábamos		
Vosotros, as	hablabais		
Ellos, ellas, ustedes	hablaban		

1b. Pon las frases en Imperfecto.

1. Traigo este parte de accidente.

Traía este parte de accidente.

2. Faltan algunos datos y no está completo.

....

3. No sé muy bien cómo hacerlo.

....

4. ¿Sabe los datos del otro conductor?

....

👁 **2a. Observa.**

Pretérito Imperfecto irregular (Sólo hay 3 verbos irregulares)		
Ir	**Ser**	**Ver**
iba	era	veía
ibas	eras	veías
iba	era	veía
íbamos	éramos	veíamos
ibais	erais	veíais
iban	eran	veían

Usos del Pretérito Imperfecto

• Para describir personas, cosas, animales y situaciones en el pasado.
El peatón era un hombre mayor y caminaba muy despacio.

• Para expresar hábitos en el pasado.
De pequeño hacía deporte y jugaba al tenis.

• Precedido del adverbio antes indica un contraste con el momento presente.
Antes conducía, pero ahora no puedo.

2b. Escribe el Imperfecto.

AHORA	ANTES
1. Voy a trabajar en autobús.	Iba a trabajar en coche.
2. Sólo conduzco de día.	.... a cualquier hora.
4. Tienes un coche de cuatro puertas.	.... un coche de dos puertas.
5. Llevo el coche al taller cada mes.	.... el coche al taller una vez al año.

3. Escucha la descripción que hace Manuel del peatón y marca la opción correcta.

1. Era...	un hombre mayor.
	un hombre joven.
2. Caminaba...	deprisa.
	despacio.
3. Tenía...	el pelo blanco.
	el pelo rubio.
4. Llevaba...	bigote.
	barba.
5. Estaba...	gordo.
	delgado.

4. ¿Y tú cómo eras hace 10 años? ¿Qué hacías?

Pues yo era...
....
....

5a. Observa.

> **Pretérito Indefinido**
> - Se refiere a un hecho en el pasado.
> *Ayer me caí de la moto.*
>
> **Pretérito Imperfecto**
> - Se refiere a una situación o a una circunstancia sobre ese hecho pasado.
> *Ayer me caí de la moto cuando volvía a casa.*
> - Se refiere a la causa de ese hecho pasado.
> *Ayer me caí de la moto porque el suelo estaba mojado.*

5b. Clasifica los verbos de estas frases.

Toqué el claxon pero el camión no se movía.
   hecho pasado   situación

1. El semáforo se puso verde y el camión no arrancaba.
2. Giré el volante a la izquierda para adelantarlo y en ese momento vi una moto que pasaba a toda velocidad.
3. Chocó cuando yo arrancaba.

Se refieren a un suceso pasado	Se refieren a la situación o las circunstancias de ese suceso pasado
toqué	no se movía

5c. Pon estos verbos en Pretérito Indefinido o en Imperfecto.

1. Ayer .... (*perder / yo*) las llaves cuando .... (*correr / yo*) para tomar el autobús.
2. Mientras .... (*esperar / nosotros*) un taxi, ... (*empezar*) a llover.
3. .... (*llegar / ellos*) tarde al trabajo porque .... (*haber*) un atasco.
4. .... (*Estar / ellas*) dentro de una tienda y en ese momento un coche .... (*chocar*) contra el escaparate.
5. No te .... (*llamar / nosotras*) porque no .... (*tener / nosotras*) tu teléfono.
6. Esta mañana, cuando .... (*ir / yo*) a clase, ... (*ver / yo*) un accidente.
7. .... (*Tener / yo*) el coche en medio de la carretera, ... (*estar / él*) estropeado, no .... (*haber*) nadie, y en ese momento .... (*aparecer*) un policía.

6. Completa el texto con los verbos en Pretérito Indefinido o en Imperfecto.

> dar - despertarse - tomar - meter -
> ir (2) - parar - chocar - matar (2) - ver - decir
> - encontrar - llevar - pensar - estar

> ### El pájaro y el motorista
>
> Un pájaro .... volando a toda velocidad por la autopista en sentido contrario y de repente .... contra un motorista. ¡Paf!
> El motorista .... y ....:
> – ¡No puede ser! ¡................. al pajarito!
> .... a buscarlo y lo .... todavía vivo. Lo ...., lo .... a su casa, lo .... en una jaula y le .... leche y agua. El motorista .... mirando al pajarito y de repente el animal ....,
> .... la jaula y ....: "¡No puede ser!
> ¡................. al motorista y estoy en la cárcel!"

1. ¿Cómo era antes Manuel? Compara.

> Resulta que el otro día me caí de la moto mientras pasaba por la plaza... Yo iba... y de repente... Así que ahora tengo...

> Antes tenía mucho pelo y ahora tiene poco.

3. Mira estas fotos e inventa qué pasó.

A

2. Imagina que has tenido un accidente con un vehículo. Cuéntalo.

Para empezar una historia:
Pues mira...
Pues, nada, que...
Resulta que...

Para contar un hecho:
Ayer / Anoche
El otro día
El lunes / martes   + Pretérito Indefinido
La semana pasada
Hace un año

Para describir una situación o una persona:
Pretérito Imperfecto

Para introducir una acción repentina:
En ese momento
De repente   + Pretérito Indefinido
De pronto
Entonces

Para expresar consecuencias:
(Y) por eso...
Así que...
Por lo tanto...

Para terminar:
Total, que...
Y nada, que...
Y al final...

B

C

4. En grupos, la clase inventa diferentes relatos.

Cada grupo empieza una historia. La pasa a otro grupo para continuarla. El último grupo la termina.

Relato policíaco

"Una noche iba con una amiga por la calle cuando de repente oímos un gran ruido, nos paramos, nos acercamos y vimos..."

Dos inventos españoles

1. Lee estos textos y completa el cuadro.

El submarino

Narcís Monturiol (Figueres, 1819-1885) inventó el primer vehículo sumergible al que llamó Ictíneo. Era de madera con partes de hierro. Medía 17 metros de largo y pesaba 65 toneladas en movimiento. Tenía que ser movido por hombres. Se podía sumergir a 50 m, durante un máximo de 7 horas y media y a una velocidad de 1,5 nudos. Las primeras pruebas de este submarino se hicieron en el puerto de Barcelona en 1859. Después inventó el Ictíneo II, que se movía por una máquina de vapor. Se probó en 1864 y las pruebas tuvieron éxito, pero no pudo perfeccionar su invento por falta de dinero.

Isaac Peral (Cartagena, 1851-1895) inventó un submarino que utilizaba la electricidad. Era una nave de hierro de 22 metros y pesaba 77 toneladas. Se movía a 8 nudos. Las pruebas se hicieron en 1888 y aunque también tuvieron éxito, el Ministerio de la Marina no autorizó la construcción de nuevos submarinos.

Submarino de Narcís Monturiol.

Submarino de Isaac Peral.

	Material	Medida	Peso	Propulsión	Velocidad
Monturiol				Humana y a vapor	
Peral					

2. Lee el texto y haz un resumen.

El autogiro

Juan de la Cierva (Murcia, 1895–1936) inventó una aeronave que, en vez de alas fijas, tenía un rotor que mantenía el aparato en el aire y además permitía dirigir el vuelo. La llamó "autogiro" y es el origen de los actuales helicópteros. El primer autogiro se elevó unos 200 m en enero de 1923, y realizó tres vuelos, uno de ellos de 4 km aproximadamente. Desarrolló sus diseños e hizo volar un autogiro a través del Canal de la Mancha en 1928, y desde Inglaterra a España en 1934. Sin embargo, no vivió lo suficiente para ver su autogiro convertido en helicóptero.

Autogiro de Juan de la Cierva.

3. ¿Qué invento te parece más interesante: el submarino o el helicóptero? ¿Por qué?

4. ¿Conoces algún invento de tu país?

1. **Lee el texto de las principales novedades de la Ley de Seguridad Vial en España.**

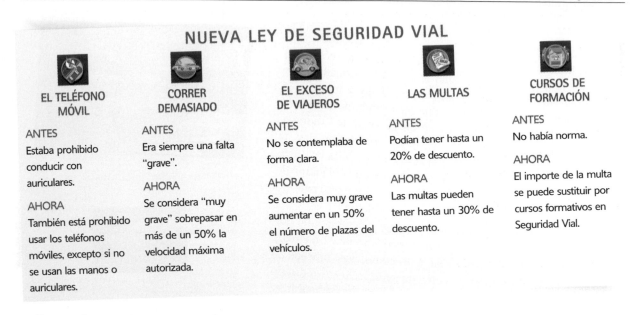

NUEVA LEY DE SEGURIDAD VIAL

EL TELÉFONO MÓVIL

ANTES

Estaba prohibido conducir con auriculares.

AHORA

También está prohibido usar los teléfonos móviles, excepto si no se usan las manos o auriculares.

CORRER DEMASIADO

ANTES

Era siempre una falta "grave".

AHORA

Se considera "muy grave" sobrepasar en más de un 50% la velocidad máxima autorizada.

EL EXCESO DE VIAJEROS

ANTES

No se contemplaba de forma clara.

AHORA

Se considera muy grave aumentar en un 50% el número de plazas del vehículos.

LAS MULTAS

ANTES

Podían tener hasta un 20% de descuento.

AHORA

Las multas pueden tener hasta un 30% de descuento.

CURSOS DE FORMACIÓN

ANTES

No había norma.

AHORA

El importe de la multa se puede sustituir por cursos formativos en Seguridad Vial.

a. Busca los verbos en Pretérito Imperfecto y di cuál es el infinitivo de cada uno.

b. Relaciona las palabras del mismo significado.

a. Descuento	1. Permitida
b. Exceder	2. Precio
c. Autorizada	3. Rebaja
d. Norma	4. Ley
e. Contemplar	5. Sobrepasar
f. Importe	6. Considerar, tener en cuenta

c. Indica si es verdadero (V) o falso (F).

- No se puede hablar por teléfono en el coche.
- En un coche de 5 personas pueden ir hasta 8.
- No se puede utilizar el móvil con las manos.
- Está prohibido escuchar la radio.
- Correr demasiado es una falta "muy grave".
- Las multas pueden sustituirse por un curso.

d. En tu opinión: ¿qué norma o normas son más importantes? ¿Por qué?

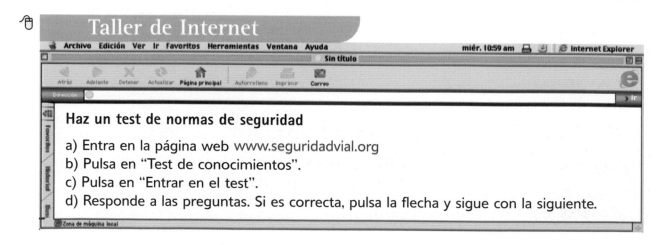

Taller de Internet

Archivo   Edición   Ver   Ir   Favoritos   Herramientas   Ventana   Ayuda   miér. 10:59 am   Internet Explorer

Sin título

Atrás   Adelante   Detener   Actualizar   Página principal   Autorrelleno   Imprimir   Correo

Dirección

Haz un test de normas de seguridad

a) Entra en la página web www.seguridadvial.org
b) Pulsa en "Test de conocimientos".
c) Pulsa en "Entrar en el test".
d) Responde a las preguntas. Si es correcta, pulsa la flecha y sigue con la siguiente.

Zona de máquina local

1. Las expresiones para relatar:

Para empezar una historia:	Para contar un hecho:	Para describir una situación o una persona:	Para introducir una acción repentina:	Para expresar consecuencias:	Para terminar:
Pues mira... Pues, nada, que... Resulta que...	Ayer / Anoche El otro día El lunes/ martes La semana pasada Hace un año ... *+ Pretérito Indefinido*	*Pretérito Imperfecto*	En ese momento De repente De pronto Entonces *+ Pret. Indefinido*	(Y) por eso Así que Por lo tanto	Total, que... Y nada, que... Y al final...

2a. Las partes de un coche: el acelerador, el asiento, el claxon, el coche, el conductor, el embrague, el faro, el freno, el limpiaparabrisas, la matrícula, la palanca de cambio, el parabrisas, el parachoques, la puerta, el retrovisor, la rueda, el semáforo, el volante, etc.

2b. Las señales de tráfico: el área de descanso, la autopista, la autovía, el carné de conducir, el cinturón de seguridad, la distancia de seguridad, el paso de peatones, el vado permanente, la velocidad máxima, etc.

2c. Y los problemas de circulación: el accidente, el atasco, el choque, la circulación, el cuidado, la precaución, la retención, el tráfico, etc.

3a. Los verbos regulares en Imperfecto:

Pretérito Imperfecto regular	
–AR	–ER / –IR
–aba	–ía
–abas	–ías
–aba	–ía
–ábamos	–íamos
–abais	–íais
-aban	-ían

3b. Los irregulares:

Pretérito Imperfecto irregular (Sólo hay 3 verbos irregulares)		
Ir	Ser	Ver
iba	era	veía
ibas	eras	veías
iba	era	veía
íbamos	éramos	veíamos
ibais	erais	veíais
iban	eran	veían

3c. Y el contraste entre el Indefinido y el imperfecto:

Pretérito Indefinido	Pretérito Imperfecto
- Se refiere a un hecho en el pasado. *Ayer me caí de la moto.*	- Se refiere a una situación o a una circunstancia sobre ese hecho pasado. *Ayer me caí de la moto cuando volvía a casa.* - Se refiere a la causa de ese hecho pasado. *Ayer me caí de la moto porque el suelo estaba mojado.*

1. Escucha el diálogo y señala los vuelos que se mencionan.

En un aeropuerto

	SALIDAS			SITUACIÓN
Hora	**Vuelo**	**Puerta**	**Destino**	
07:10	IBE1801	C14	La Paz........	RETRASADO
08:25	JKK419	D21	Roma........	EMBARQUE
09:40	IBE3521	C45	Cancún........	EMBARQUE
10:00	BMA2931		Málaga........	CANCELADO
10:25	SPA563		París........	CANCELADO
10:50	IBE1845		Berlín........	RETRASADO
11:05	AM1915	B14	México........	CANCELADO

2. Escucha y señala qué tarjeta de embarque corresponde al diálogo.

Dentro del avión

A

B

3. ¿Cuáles de estas señales están relacionadas con los avisos de megafonía?

Aviso de la azafata

1a. Marca la respuesta correcta.

1. El vuelo de París...
   - no sale a la hora prevista.
   - ha sido anulado.
   - sale a las diez.

2. En el avión no se puede fumar...
   - en ningún sitio.
   - en sitios determinados.
   - en los aseos.

3. Los protagonistas no pueden sentarse en su asiento...
   - porque no encuentran su sitio.
   - porque se han equivocado de avión.
   - porque otra persona se ha sentado en su lugar.

4. La compañía aérea informa de que...
   - deben apagar los móviles.
   - pueden utilizar aparatos electrónicos.
   - se puede fumar en los sitios indicados.

1b. Escucha y completa los diálogos con las palabras del recuadro.

> perdonen – te tranquilizas – dámelo – disculpen – toma

 A
Sí, sí, ya lo sabemos, no lo repitan más.

Estás muy nervioso, ¿Por qué no .... ? Lee un poco el periódico.

B
Bueno, al fin podemos embarcar.

.... tu bolsa, impaciente.

C
............, por favor, creo que estos son nuestros asientos.

¡Ah! sí, ...

D
Cariño, ¿me puedes subir esto al maletero, por favor?

Claro, ...

2. Marca la separación de los grupos fónicos, escucha y repite.

> La entonación de la **frase afirmativa** termina hacia abajo.
>
> Estás muy nervioso.
>
> En una frase con más de un grupo fónico, todos terminan hacia arriba, menos el último, que termina hacia abajo.
>
> Les rogamos que disculpen las molestias.

1. Disculpen las molestias.

2. Bienvenidos a bordo.

3. Salida del vuelo de Iberia.

4. Por su seguridad, vigilen sus pertenencias.

5. Les recordamos que no se puede fumar.

6. Por favor, abróchense los cinturones.

3. Relaciona. Después clasifica las expresiones en el cuadro.

a. ¿Puedo abrir la ventanilla?

b. ¿Puedes darme mi maleta?

c. ¿Me permite sentarme aquí?

d. ¿Se puede fumar aquí?

e. ¿Puedo esperar en esta sala?

f. ¿Puedes llevarme al aeropuerto?

g. ¿Puedo llamar por teléfono?

1. Por supuesto, siéntese.

2. Sí, sí, ábrala.

3. Lo siento, pero no se puede.

4. Sí, claro. ¿A qué hora tienes que estar?

5. Sí, llame, llame.

6. No, la sala de espera está allí.

7. Claro, tómala.

Pedir permiso	Pedir un favor	Aceptar	Negar
¿Puedo abrir la ventanilla?		Sí, sí, ábrala.	

4. Crea pequeños diálogos con estas situaciones.

a. Estás en un avión y estás muy nervioso. Pídele cosas a la azafata para tranquilizarte.

b. Llevas una maleta bastante grande pero quieres subirla al avión como equipaje de mano.

c. Llevas un cochecito de bebé. Pregunta si puedes subirlo al avión.

Perdone, ¿puede darme un vaso de agua?

Sí, en seguida.

¿Y puedo...?

Por supuesto.

Disculpe, ¿se puede...?

No, es que...

A la escucha

A. Escucha este mensaje y ponlo en orden.

☐ a los señores pasajeros
☐ embarquen urgentemente
☐ con destino a Santiago:
☐ por la puerta B veinte.
☐ del vuelo LanChile
☐ Último aviso
☐ uno siete uno

B. Escucha este otro mensaje y responde.

a. ¿Dónde se puede oír esta grabación? ☐ En un avión. ☐ En un autobús. ☐ En el metro.

b. ¿Qué es esta grabación? ☐ Un aviso. ☐ Una prohibición. ☐ Un saludo de bienvenida.

c. ¿Qué tienen que hacer los viajeros? ☐ Esperar en el andén. ☐ Tener cuidado.

d. ¿Cómo es la estación? ☐ Está en curva. ☐ Hay muchos coches. ☐ No hay andén.

1. Coloca las palabras en su lugar.

> salida de emergencia – puerta – alas –
> 1ª clase – clase turista – cabina.

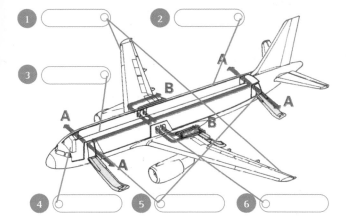

1 ⬡
2 ⬡
3 ⬡
4 ⬡
5 ⬡
6 ⬡

2. Escucha el diálogo y ordena las viñetas. Después relaciónalas con el vocabulario.

> terminal de aeropuerto –
> pantalla de información – equipaje –
> mostrador de facturación –
> tarjetas de embarque – va a despegar

A

....

....

B

....

....

C

....

....

D

Terminal de
aeropuerto

E

....
....

F

....
....

3. Relaciona con las imágenes y termina las frases.

A

B

C

D

E

F

G (Óscar Marcos)

1. Está cansado porque...

2. Está nervioso porque...

3. Tiene calor porque...

4. Está preocupada porque...

5. Está contenta porque...

6. Está harto de esperar porque...

7. Tiene miedo porque...

1. Está cansado porque lleva muchas maletas.

2. ....

3. ....

4. ....

5. ....

6. ....

7. ....

C Gramática

El Imperativo afirmativo y negativo

1a. Observa y completa los cuadros.

Imperativo afirmativo			
	Hablar	Beber	Escribir
Tú	habla	bebe	escribe
Usted	hable	....	....
Vosotros, as	hablad	bebed	escribid
Ustedes	hablen	....	....

Imperativo negativo			
	Hablar	Beber	Escribir
Tú	no hables	no bebas	no escribas
Usted	no hable	....	....
Vosotros, as	no habléis	no bebáis	no escribáis
Ustedes	no hablen	....	....

1b. Observa y completa los cuadros.

Imperativo (formas irregulares)			
Venir		Ir	
afirmativo	negativo	afirmativo	negativo
ven	no vengas	ve	no vayas
venga	....	vaya	....
venid	no vengáis	id	no vayáis
vengan	....	....	....

Hacer		Decir	
afirmativo	negativo	afirmativo	negativo
haz	no hagas	di	no digas
haga	....	....	....
haced	no hagáis	decid	no digáis
....	....	....	....

Tener		Salir	
afirmativo	negativo	afirmativo	negativo
ten	no tengas	....	....
....	....	....	....
tened	no tengáis	....	....
....	....	....	....

1c. Responde con el Imperativo negativo.

1. ¿Tengo que abrir el equipaje?
   No, no lo abras.

2. ¿Vamos a buscar a una azafata?
   ....

3. ¿Preguntamos cuál es nuestro vuelo?
   ....

4. ¿Salgo por la puerta de emergencia?
   ....

5. ¿Hago tu maleta?
   ....

6. ¿Nos quejamos en el mostrador de información?
   ....

1d. Transforma las frases utilizando la forma TÚ del Imperativo.

1. No entrar. ...... *No entres.* ......
2. Debes tener paciencia. ....
3. ¿Por qué no lees el periódico? ....
4. Prohibido pasar. ....
5. No se puede usar el móvil. ....

2a. Observa.

Imperativo + pronombres	
Imperativo +	– Pronombres reflexivos (me, te, se, nos, os, se) *Tranquilíza*te.
	– Pronombres de complemento (lo, la, los, las) *Ábre*la.
	– Pronombres reflexivos + Pronombres de complemento *Pón*telo.

Perífrasis de obligación. Los diminutivos

2b. Responde a las preguntas con las personas USTED y USTEDES del Imperativo.

1. ¿Puedo leer el periódico? *Léalo.*
2. ¿Podemos hacer la reserva? *Háganla.*
3. ¿Puedo dejar aquí esta maleta? ....
4. ¿Podemos decir una cosa? ....
5. ¿Me deja escuchar el aviso? ....
6. ¿Podemos facturar esta bolsa? ....
7. ¿Puedo sentarme aquí? ....
8. ¿Nos permite abrir la ventanilla? ....
9. ¿Podemos poner aquí el vaso? ....

2c. Cambia el Imperativo negativo por el afirmativo y a la inversa.

> Desaparece la **-d** final de la forma VOSOTROS cuando sigue el pronombre os.
> *sentad + os = sentaos*
>
> En el Imperativo negativo los pronombres siempre van delante.
> *hazlo > no lo hagas*

1. No os levantéis del asiento.
   Levantaos del asiento.
   ....
2. No os llevéis la maleta. ....
3. No os pongáis en este mostrador. ....
4. Sentaos a mi lado. ....
5. Perdeos por el aeropuerto. ....
6. Id a la pantalla de información. ....
7. No os abrochéis los cinturones. ....

3. ¿Qué significan estas señales? Escribe debajo de cada una la prohibición o la obligación.

> Obligación impersonal
> HAY QUE + infinitivo
> *Hay que girar a la derecha.*
> Prohibición impersonal
> NO SE PUEDE + infinitivo
> *No se puede fumar.*

No se puede cruzar. ....

4 .... 5 .... 6 ....

4a. Observa. Después indica de qué palabras son los diminutivos.

> Los **diminutivos** dan a las palabras un valor afectivo (positivo o negativo).
>
> *¡Cómo pesa esta **maletita**!*
>
> Se forman añadiendo:
> –ito / –ita   árbol > arbolito
>   malet(a) > maletita
>   bols(o) > bolsito
>
> – cito / –cita   coche > cochecito
>   avión > avioncito
>
> – ecito / –ecita   flor > florecita
>   (palabra de una sílaba)
>
> A veces el diminutivo acabado en –illo / –illa cambia el significado de la palabra.
>
> *ventana > ventanilla* (de un vehículo)
> *mesa > mesilla* (de noche)

a. Bolsita ....
b. Avioncito ....
c. Mañanita ....
d. Ventanilla ....
e. Hombrecito ....
f. Mujercita ....

4b. Escribe los diminutivos de estas palabras.

a. Maleta ....
b. Tren ....
c. Bandeja ....
d. Tarde ....
e. Sala ....
f. Tarjeta ....

Pedir, sugerir y hacer recomendaciones

1. A partir de las imágenes, pídele algo a tu compañero.

Pedir permiso		Aceptar
¿Puedo...? ¿Se puede...? ¿Me permite(s)...?	+ infinitivo	Sí, claro. Sí, por supuesto. ¿Cómo no?
Pedir un favor		
¿Puede(s)...? + infinitivo		
Pedir algo prestado		Negar
¿Me deja(s)...?		Es que...
¿Puede(s) dejarme...?	+ sustantivo	No puedo porque...
¿Tiene(s)...?		Lo siento, pero...

Perdona, ¿puedes dejarme tu móvil?

Lo siento, pero es que no funciona.

1

2 3

4 5

2. Uno piensa en un lugar público. Los demás tienen que adivinarlo preguntando qué se puede y qué no se puede hacer en él.

No se puede hacer ruido. Hay que hablar bajo. Sólo se puede ir a unas horas de visita...

3. ¿Qué puedo hacer para...? Cuenta un problema y da consejos.

Prohibir	Hacer sugerencias / Aconsejar
Imperativo negativo	Imperativo
No se puede + infinitivo	Debes + infinitivo
Prohibido + infinitivo	¿Por qué no + Presente?
No + infinitivo	

¿Qué puedo hacer para no engordar?

No comas pasteles.

Come ensaladas y carne a la plancha.

¿Por qué no haces deporte?

4. Imagina a tu compañero en estas u otras situaciones. Pregúntale qué le pasa y dile qué tiene que hacer.

a. Tiene miedo a volar.

b. Está harto de trabajar en lo mismo.

c. Tiene sueño porque anoche salió.

d. Está preocupado porque ha perdido a su perro.

Expresar estados físicos y anímicos			
Frases exclamativas	Estar + adjetivo		
¡Qué cansado/a estoy!	(No) estoy	un poco muy	preocupado/a. cansado/a. harto/a.
¡Qué harto/a estoy!	Tener + sustantivo		
¡Qué sueño tengo!	(No) tengo	mucho nada de	calor. sueño. miedo.
¡Qué calor tengo!			

¡Qué miedo tengo!

¿Qué te pasa?

Estoy muy nervioso. No me gusta volar.

¿Por qué no te tomas una pastilla para dormir?

Compañías aéreas

📖 1. Lee estos textos.

Cubana de Aviación

Fundada el 8 de octubre de 1929, es una de las primeras aerolíneas creadas en América Latina, y que han sabido sobrevivir subiéndose a la "revolución tecnológica aeronáutica", lo que le ha permitido avanzar hasta el presente. www.cubana.cu

Mexicana de Aviación
El 12 de julio de 1921 se fundó, en el Distrito Federal, la Compañía Mexicana de Transportación Aérea (CMTA). El 20 de agosto de 1924, en Tampico, se constituyó la Compañía Mexicana de Aviación S.A. Durante el año 2001, Mexicana de Aviación celebró las primeras ocho décadas de transportar sueños. www.mexicana.com

Aerolíneas Argentinas
El primer paso hacia la gran línea aérea se dio en 1929, cuando se creó Aeroposta, línea de correo aéreo. Después se creó ALFA (Aviación Litoral Federal Argentino) y FAMA (Flota Aérea Mercante Argentina), que hizo los primeros vuelos intercontinentales de una línea argentina, en 1946. Poco después se unieron todas las compañías aéreas en las llamadas: Aerolíneas Argentinas. www.aerolineas.com.ar

Copa Airlines
Fundada en 1947, empezó realizando vuelos domésticos a tres ciudades dentro de la República de Panamá con tres aviones. En la década de los sesenta, inaugura su servicio internacional. www.copaair.com

Avianca
Fue la primera línea aérea privada comercial fundada en Iberoamérica. El 5 de diciembre de 1919 empezaba a hacerse realidad el sueño de volar para los colombianos. www.avianca.com.ar

LanChile
LanChile comenzó oficialmente sus operaciones el 5 de marzo de 1929 con el nombre de Línea Aeropostal Santiago-Arica. El 21 de julio de 1932 el gobierno chileno promulgó una ley por la cual se creaba una nueva aerolínea propiedad del gobierno, la Línea Aérea Nacional (LanChile). www.lanchile.com

Pluna
La historia de Pluna despegó el 20 de noviembre de 1936 y realizó su primer vuelo uniendo Montevideo con las ciudades del interior de la República del Uruguay: Salto y Paysandú. www.pluna.aero

Iberia
Iberia celebró en 2002 el 75 aniversario de su fundación, que tuvo lugar el 28 de junio de 1927. En estos 75 años, cerca de 500 millones de personas han viajado con Iberia. Gracias a todos estos clientes esta compañía aérea está situada hoy entre las cinco más importantes de Europa, y es líder indiscutible en España, en las rutas que unen España con Europa y Europa con América Latina, y probablemente la compañía europea más rentable. www.iberia.com

✎ 2. Responde a las preguntas.

a. Busca un sinónimo de "compañía aérea". ....

b. Busca una palabra que signifique "diez años". ....

c. ¿De qué país son las compañías Avianca, Pluna y Copa? ....

d. ¿Cuál es la compañía aérea más antigua? ¿Y la más moderna? ....

e. ¿Qué compañía resultó de la unión de varias? ....

f. ¿Cuáles empezaron llamándose de otra manera? ....

g. ¿Qué compañías se crearon para servir de correo aéreo? ....

1. Lee la información de esta compañía aérea y responde.

Documentación de viaje
Usted debe verificar que sus documentos de viaje (pasaporte, visa, certificado de vacunación, etc.) están en orden. *CUBANA de AVIACIÓN* se reserva el derecho de no aceptar a aquellos pasajeros con documentos de viaje que no están en regla.

Reconfirmación
Confirme su reservación, en nuestras oficinas, con un mínimo de 72 horas antes de la salida de su vuelo. De lo contrario, puede ser cancelada.

Chequeo
Preséntese en el aeropuerto a la hora que ha sido citado.

Impuesto aeroportuario
El pago del impuesto aeroportuario no está incluido en el precio del boleto. En Cuba debe ser abonado por el pasajero en el aeropuerto, antes de embarcar, en las oficinas correspondientes.

Instrucciones de Seguridad
Usted tiene que prestar especial atención a las instrucciones de seguridad que realizan los auxiliares de a bordo. Durante el despegue y el aterrizaje mantenga ajustado el cinturón de seguridad.

Equipos electrónicos
Se prohíbe a bordo de la aeronave, durante la travesía, la utilización de equipos electrónicos porque pueden interferir la seguridad de las aeronaves, tales como: aparatos tipo *Walkman*, teléfonos celulares, cámaras de vídeo, radios, discos compactos...

Texto adaptado

a. Busca todos los verbos en Imperativo y di cuál es el Infinitivo de cada uno. Después ponlos en Imperativo negativo.

b. Relaciona.

a. Reservación   1. Azafata
b. Chequeo   2. Avión
c. Boleto   3. Reserva
d. Auxiliar de a bordo 4. Teléfono móvil
e. Ajustado   5. Facturación
f. Aeronave   6. Vuelo
g. Travesía   7. Billete
h. Teléfono celular   8. Abrochado

c. ¿Qué es obligatorio es cada caso?

– Documentación: ....

– Reconfirmación: ....

– Chequeo: ....

– Impuesto: ....

– Seguridad: ....

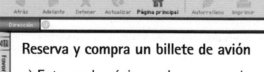

Archivo Edición Ver Ir Favoritos Herramientas Ventana Ayuda   miér. 10:59 am   Internet Explorer

Sin título

Atrás Adelante Detener Actualizar Página principal Autorrelleno Imprimir Correo

Dirección:

Reserva y compra un billete de avión

a) Entra en la página web www.rumbo.es. Selecciona el aeropuerto de salida. Selecciona el destino. Selecciona o escribe las fechas de salida y de regreso. Selecciona el número de adultos y de niños que viajan. Pulsa en "Buscar".

b) Observa el resultado y responde:

¿Cuántas opciones han salido?   ¿Hay que hacer escalas?

¿Cuál es la más barata?   ¿A qué hora es la salida y la llegada?

1a. Las expresiones para pedir:

Pedir permiso		Aceptar
¿Puedo...?		Sí, claro.
¿Se puede...?	+ infinitivo	Sí, por supuesto.
¿Me permite(s)...?		¿Cómo no?
Pedir un favor		
¿Puede(s)...? + infinitivo		
Pedir algo prestado		Negar
¿Me deja(s)...?		Es que...
¿Puede(s) dejarme...?	+ sustantivo	No puedo porque...
¿Tiene(s)...?		Lo siento, pero...

1c. Y para expresar estados físicos y de ánimo:

Expresar estados físicos y de ánimo			
Frases exclamativas	Estar + adjetivo		
¡Qué cansado/a estoy!	(No) estoy muy	un poco cansado/a	preocupado/a. harto/a.
¡Qué harto/a estoy!	Tener + sustantivo		
¡Qué sueño tengo!	(No) tengo	mucho nada de	calor. sueño. miedo.
¡Qué calor calor			

1b. Para aconsejar y prohibir:

Prohibir	Hacer sugerencias /Aconsejar
Imperativo negativo	Imperativo
No se puede + infinitivo	Tienes que / Debes + infinitivo
Prohibido + infinitivo	¿Por qué no? + Presente
No + infinitivo	

2a. El vocabulario del avión: la 1ª clase, las alas, el asiento, la azafata, la cabina, la clase turista, la compañía aérea, el copiloto, el equipaje, la escalerilla, el piloto, la salida de emergencia, la ventanilla, etc.

2b. Y de un aeropuerto: aterrizar, cancelado, despegar, el equipaje, el mostrador, la facturación, la pantalla de información, retrasado, las tarjetas de embarque, la terminal del aeropuerto, etc.

3a. Los verbos regulares en Imperativo:

Hablar		Beber		Vivir		
afirmativo	negativo	afirmativo	negativo	afirmativo	negativo	
habla	no hables	bebe	no bebas	vive	no vivas	Tú
hable	no hable	beba	no beba	viva	no viva	Usted
hablad	no habléis	bebed	no bebáis	vivid	no viváis	Vosotros, as
hablen	no hablen	beban	no beban	vivan	no vivan	Ustedes

3b. Los irregulares:

Venir		Ir		Hacer		Decir		Tener		Salir	
ven	no vengas	ve	no vayas	haz	no hagas	di	no digas	ten	no tengas	sal	no salgas
venga	no venga	vaya	no vaya	haga	no haga	diga	no diga	tenga	no tenga	salga	no salga
venid	no vengáis	id	no vayáis	haced	no hagáis	decid	no digáis	tened	no tengáis	salid	no salgáis
vengan	no vengan	vayan	no vayan	hagan	no hagan	digan	no digan	tengan	no tengan	salgan	no salgan

1. **Escucha** el diálogo y di qué titulares tiene el reportaje que está leyendo el protagonista.

Los viajes al **espacio** serán una diversión nueva.

Nuestros hijos tendrán un **trabajo** más creativo. Las máquinas harán lo demás.

Las **comunicaciones** con satélites desarrollarán el Tercer Mundo.

Si quiere, el **hombre** cambiará físicamente en el futuro.

2. **¿Cómo será el hombre del futuro para los protagonistas del diálogo? Completa el esquema.**

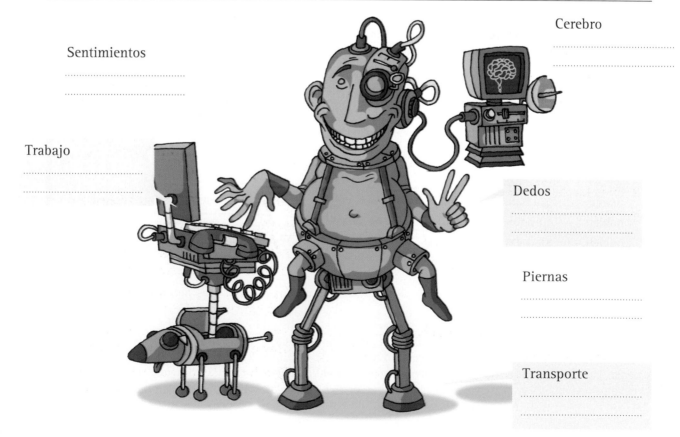

Sentimientos
....
....

Cerebro
....
....

Trabajo
....
....

Dedos
....
....

Piernas
....
....

Transporte
....
....

1a. Marca quién lo dice.

	Paloma	José
1. El hombre tendrá un cerebro pequeñísimo.	✓	
2. Los ordenadores pensarán por nosotros.		
3. Tendremos siete dedos para usar el ordenador más deprisa.		
4. Nuestras piernas serán decorativas.		
5. En lugar de piernas tendremos ruedas.		
6. Un robot hará las faenas del hogar.		
7. El trabajo será más creativo.		
8. El hombre vivirá con una sonrisa tonta permanente.		
9. Habrá que ser feliz por obligación.		

1b. Marca las respuestas correctas.

1. En el futuro, el hombre...
- no tendrá el mismo aspecto físico que ahora.
- podrá modificar su aspecto voluntariamente.
- será igual que un ordenador.

2. En el futuro, las máquinas...
- harán todo el trabajo del hombre.
- irán con nosotros a todas partes.
- fabricarán los sentimientos del hombre.

3. En el futuro, el trabajo...
- lo harán las lavadoras, las aspiradoras...
- será más creativo.
- se hará a través de Internet.

2. Marca qué tipo de interrogativa es.

	Con interrogativo	Sin interrogativo	Pregunta de refuerzo
1. ¿Ah, sí?			
2. ¿Y qué dice?			
3. ¿Por qué lo dices?			
4. Nadie caminará, ¿verdad?			
5. ¿Y los sentimientos?			
6. ¿Quién está haciendo bromas sobre el futuro?			
7. Y habrá que ser feliz por obligación, ¿no?			

3a. Observa la entonación de la frase interrogativa.

Termina hacia arriba si no tiene interrogativo inicial.

¿Y los sentimientos?

Hacia abajo si tiene interrogativo inicial.

¿Por qué lo dices?

Con partículas como ¿no?, ¿verdad? tiene dos grupos fónicos. El primero termina hacia abajo y el segundo hacia arriba.

Habrá que ser feliz por obligación, ¿no?

3b. Pronuncia estas frases. Después escucha y comprueba.

1. Y si no quiere, también cambiará, ¿no?
   ¿Y si no quiere, también cambiará?
2. Los ordenadores pensarán por nosotros.
   ¿Los ordenadores pensarán por nosotros?
3. Hay que tomarse el futuro en serio.
   ¿Hay que tomarse el futuro en serio?
4. En el futuro las máquinas harán todo.
   ¿Qué harán las máquinas en el futuro?

4a. ¿Qué pasará en el futuro? Relaciona.

a. Nosotros...	1. hará todas las faenas del hogar.
b. Los ordenadores...	2. no conoceremos todas esas cosas.
c. Nuestras piernas...	3. pensarán por nosotros.
d. El robot...	4. caminará.
e. Nadie...	5. vivirá con una sonrisa permanente.
f. El hombre...	6. serán decorativas.

4b. Indica cuál es el infinitivo de los verbos anteriores.

1. Podrá: ....
2. Conoceremos: ....
3. Pensarán: ....
4. Caminará: ....
5. Vivirá: ....
6. Serán: ....

4c. ¿Y tú? ¿Cómo ves el futuro? Usa estos verbos para explicar tu visión.

En el futuro, posiblemente conoceremos... y probablemente los hombres serán...

La "televiaje" servirá para viajar desde un sillón de tu casa.

5. Las máquinas del presente. Di a qué corresponde cada definición.

lavadora   televisión   aspiradora   lavavajillas   radio

1. Sirve para lavar los platos. ....
2. Sirve para limpiar el polvo de la casa. ......
3. Sirve para ver películas. ....
4. Sirve para lavar la ropa. ....
5. Sirve para escuchar música y noticias. .....

Escucha y responde a las preguntas.

a. ¿Qué tiempo hace en el sur? ◯ Frío. ◯ Calor. ◯ Mucho frío. ◯ Mucho calor.

b. ¿Qué temperatura alcanzará el termómetro en el sur de España? ....

c. ¿Dónde llueve? ◯ En el sur. ◯ En el norte. ◯ En el Mediterráneo.

d. ¿Dónde hace viento? ◯ En el sur. ◯ En el norte. ◯ En el Mediterráneo.

e. ¿Qué velocidad podrá alcanzar el viento? ....

f. ¿En qué estación estamos? ◯ A principios de verano. ◯ A finales de verano. ◯ En otoño.

g. Di si es verdadero (V) o falso (F).

◯ 1. Las temperaturas son elevadas.

◯ 2. Es el tercer fin de semana del verano.

◯ 3. En el fin de semana las temperaturas subirán.

◯ 4. Lloverá en la zona norte menos en los Pirineos.

◯ 5. En las Comunidades mediterráneas soplará un viento suave.

A la escucha

1a. **Los electrodomésticos. Relaciona los nombres con las ilustraciones.**

> la aspiradora - la vitrocerámica - la lavadora -
> el lavavajillas - el microondas - la nevera -
> la plancha - la batidora - el exprimidor -
> la freidora - la cafetera - el tostador

a. ....   d. ....   g. ....   j. ....
b. ....   e. ....   h. ....   k. ....
c. ....   f. ....   i. ....   l. ....

1b. **Los aparatos de imagen y sonido. Relaciona. Después di cuáles son más importantes para ti y por qué.**

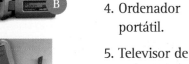

1. Cámara de vídeo.
2. Cámara de fotos digital.
3. Reproductor de DVD.
4. Ordenador portátil.
5. Televisor de pantalla plana.
6. Agenda electrónica.

2. **El ordenador. Relaciona los nombres con las ilustraciones.**

> el monitor - la torre - el ratón - el teclado -
> la pantalla - los altavoces - la impresora -
> el escáner - el lector de CD - la disquetera

a. ....   f. ....
b. ....   g. ....
c. ....   h. ....
d. ....   i. ....
e. ....   j. ....

3. **Con la llegada Internet han aparecido palabras nuevas de continuo uso. ¿Qué significan?**

a. Arroba — 1. Sitio en Internet.
b. Conectarse — 2. Elemento que lleva de un sitio a otro de Internet.
c. Contraseña — 3. Sitio en Internet que da información sobre otros sitios.
d. Buscador — 4. Programa que sirve para entrar en Internet.
e. Internauta — 5. En las direcciones de correo electrónico: @.
f. Navegador — 6. Entrar en Internet.
g. Página web — 7. Palabra secreta para entrar.
h. Pulsar o pinchar — 8. Persona que entra en Internet. También se llama usuario.
i. Enlace — 9. Hacer clic con el ratón.

1a. Observa y completa el cuadro.

Futuro de verbos regulares		
INFINITIVO +	-é
	-ás
	-á
	-emos
	-éis
	-án

	Hablar	Beber	Vivir
Yo	hablaré	....	....
Tú	hablarás	....	....
Él, ella, usted	hablá	beberá	....
Nosotros, as	....	....	....
Vosotros, as	....	....	viviréis
Ellos, ellas, ustedes	....	....	....

1b. Escribe una frase para cada ilustración con los verbos en futuro.

A
(yo-regalar)
....

B
(ellos-vivir)
....

C
(yo-exprimir)
....

D
(tú-escribir)
....

E
(vosotros-escuchar)
....

F
(nosotros-limpiar)
....

2a. Observa y completa el cuadro.

Futuro de verbos irregulares		
HABER	habr-	-é
PODER	podr-	
PONER	pondr-	-ás
SABER	sabr-	
SALIR	saldr-	-á
TENER	tendr-	
VENIR	vendr-	-emos
QUERER	querr-	-éis
DECIR	dir-	
HACER	har-	-án

towards VALER   VALDR   - é
to fit CABER   CABR   - é

Decir	Tener	Querer	Salir
....	....	....	....
dirás	....	....	....
....	tendrá	....	....
....	....	....	....
....	....	....	saldréis
....	....	....	....

2b. Completa con los verbos en futuro.

comprar - elegir - haber - ir - mirar -
poner - reservar - ser - tener

- ¿Cuándo .... la boda de tu hermana?
- El 16 de octubre.
- Falta un mes, pero (nosotros) ....
  que comprar los billetes de avión.
- Sí, porque luego no .... billetes
  y ¿cómo (nosotros) ....?
- Además, ¿qué le (nosotros) ....?
- No sé, (nosotros) .... en la lista
  de bodas.
- ¿Dónde la (ellos) ....?
- En los almacenes Cadena.
- Perfecto, allí también hay agencia de
  viajes, así que (nosotros) .... un
  regalo y (nosotros) .... los billetes.
- ¿Vamos ahora?
- Tranquila, todavía falta un mes.

La oración condicional. La impersonalidad

2c. Responde negativamente, como en el ejemplo.

1. ¿Has leído este reportaje?

    No, **lo leeré** mañana.

2. ¿Habéis apagado el ordenador?

    No, ... después.

3. ¿Has comprado la cámara de vídeo?

    No, ... la semana que viene.

4. ¿Te has conectado a Internet?

    No, ... esta noche.

5. ¿Has puesto el lavavajillas?

    No, ... después de cenar.

6. ¿Habéis entrado en esta página web?

    No, ... más tarde.

7. ¿Habéis escrito el correo electrónico?

    No, ... esta tarde.

3b. Mira los dibujos y forma frases como en el ejemplo.

(mojar)
Si sale sin paraguas, se mojará.

(engordar)
....
....

(perder el tren)
....
....

(quemar el pantalón)
....
....

3a. Relaciona para formar frases.

Condición	Consecuencia
SI + Presente	Futuro
Si tengo tiempo, iré a verte.	

a. Si llueve...

b. Si dejas el coche aquí...

c. Si hace buen tiempo...

d. Si me suben el sueldo...

e. Si tú lavas los platos...

f. Si llego a los cien años...

1. yo pasaré la aspiradora.

2. saldremos de excursión.

3. veré al hombre viajar a otros planetas.

4. cenaremos dentro.

5. se lo llevará la grúa.

6. me compraré un coche nuevo.

4. Observa y relaciona para formar frases.

Impersonalidad		
SE + 3ª persona singular	Para hablar en general.	Aquí se vive mejor.
3ª persona plural	Cuando no importa quién lo hace.	En esta revista hablan del trabajo.

a. Ese restaurante es un poco caro, pero...

b. Me gusta mucho la ciudad, pero reconozco que...

c. ¿Puedes abrir, por favor? Creo que...

d. No quiero ver esa película porque...

e. En menos de 50 años...

f. En este programa de televisión...

1. en el campo se vive mejor.

2. hablan de las nuevas tecnologías.

3. se viajará a otros planetas.

4. dicen que no es buena.

5. llaman a la puerta.

6. se come muy bien.

D Expresión oral

Hacer previsiones sobre el futuro

1a. En grupos. Vamos a imaginar cómo será el futuro.

Expresión del futuro	
Seguro / Cierto	
Es seguro que... Estoy seguro de que...	
Probable / Posible	+ FUTURO
Probablemente... Seguramente... Posiblemente...	
Improbable / Imposible	
Seguro que no... Estoy seguro de que no...	

Estoy seguro de que en el futuro el hombre se desplazará con vehículos sofisticados.

Probablemente.

Desplazarse con vehículos sofisticados.

Ordenador sustituir al colegio.

Vivir 150 años.

Vivir en el espacio.

Alimentarse con pastillas.

1b. Explica cómo ves el futuro en estos aspectos.

a. Los trasportes	d. El cuerpo humano
b. La enseñanza	e. La vivienda
c. Los idiomas	f. La alimentación

2. Imagina que tu compañero puede ver el futuro. Pregúntale cómo será el tuyo.

¿Seguiré estudiando?

Sí, seguirás estudiando un año más.

¿Y después qué haré?

Cambiarás de trabajo.

¿Y me casaré?

3. ¿Cuál de estas profesiones tiene más futuro? Lee el texto, elige una profesión y di las ventajas que tendrá en un futuro próximo.

LAS PROFESIONES DEL FUTURO

Médico alternativo: a diferencia de la medicina clásica, trata no sólo la enfermedad, sino que intenta mejorar el estado general de salud física y mental.

Ayudante doméstico: es el sustituto de los padres cuando estos trabajan fuera del hogar. Además se encarga de las labores de limpieza, de la organización de la economía familiar, de la educación y cuidado de los niños...

Cuidador de ancianos: cuida y entretiene en casa a las personas mayores que no pueden ser atendidas por su familia.

Asistente técnico: es reparador de todos los electrodomésticos y aparatos electrónicos del mercado. Trabaja las 24 horas del día, incluso los festivos.

Yo creo que la profesión que tendrá futuro será...

El lenguaje no verbal

1. Observa estos gestos de España y América Latina. Relaciona las imágenes con la descripción.

A

B

C

D

E

F

1. Expresar negación:
Se gira la cabeza de derecha a izquierda.

2. Expresar precio:
Se une el dedo pulgar con el índice
y se frotan varias veces.

3. Expresar desconocimiento:
Se suben los hombros.

4. Expresar que se está harto:
Se pasa la mano por encima de la cabeza.

5. Pedir que alguien no hable más:
Se usan los dedos a modo de unas tijeras.

6. Expresar que hay mucha gente en un sitio:
Se juntan y se separan varias veces los dedos
de una o las dos manos hacia arriba.

7. Expresar que alguien está muy delgado:
Se levanta la mano con el puño cerrado y el
meñique extendido.

8. Expresar que alguien es un desvergonzado:
Se dan unos golpecitos con la mano sobre la cara.

9. Expresar que alguien está loco:
Se lleva el dedo índice hacia un lado de
la frente y se mueve en círculos.

10. Expresar que hemos olvidado algo:
Se lleva la mano a la cabeza en un gesto rápido.

11. Expresar que algo no es exacto, sino aproximadamente:
Se pone la mano a la altura del pecho con la palma hacia
abajo y se balancea.

12. Pedir a alguien que venga:
Se extiende el brazo y se dobla varias veces la mano con la
palma hacia arriba o hacia abajo.

G

H

I

J

K

L

2. ¿Hay algún gesto igual en tu país? Di qué gestos utilizas normalmente.

3. Escucha los diálogos y relaciónalos con uno de los gestos.

1. .... 2. .... 3. .... 4. .... 5. ....

6. .... 7. .... 8. .... 9. .... 10. ....

4. Inventa y escenifica un diálogo en el que se utilicen 3 ó 4 gestos. Tus compañeros adivinan qué significan los gestos usados.

1. Relaciona los titulares de los artículos con los textos.

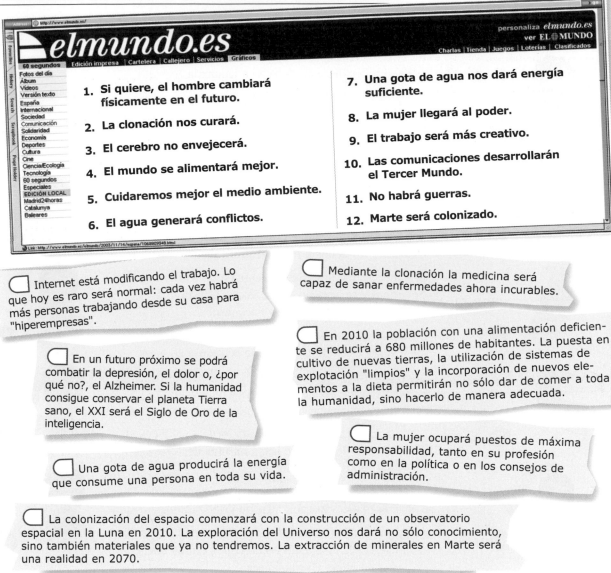

elmundo.es

personaliza *elmundo.es*
ver EL MUNDO

Charlas | Tienda | Juegos | Loterías | Clasificados

60 segundos | Edición impresa | Cartelera | Callejero | Servicios | **Gráficos**

Fotos del día
Álbum
Vídeos
Versión texto
España
Internacional
Sociedad
Comunicación
Solidaridad
Economía
Deportes
Cultura
Cine
Ciencia/Ecología
Tecnología
60 segundos
Especiales
EDICIÓN LOCAL
Madrid24horas
Catalunya
Baleares

1. **Si quiere, el hombre cambiará físicamente en el futuro.**

2. **La clonación nos curará.**

3. **El cerebro no envejecerá.**

4. **El mundo se alimentará mejor.**

5. **Cuidaremos mejor el medio ambiente.**

6. **El agua generará conflictos.**

7. **Una gota de agua nos dará energía suficiente.**

8. **La mujer llegará al poder.**

9. **El trabajo será más creativo.**

10. **Las comunicaciones desarrollarán el Tercer Mundo.**

11. **No habrá guerras.**

12. **Marte será colonizado.**

Link: http://www.elmundo.es/elmundo/2003/11/14/espana/1068809548.html

---

Internet está modificando el trabajo. Lo que hoy es raro será normal: cada vez habrá más personas trabajando desde su casa para "hiperempresas".

Mediante la clonación la medicina será capaz de sanar enfermedades ahora incurables.

En un futuro próximo se podrá combatir la depresión, el dolor o, ¿por qué no?, el Alzheimer. Si la humanidad consigue conservar el planeta Tierra sano, el XXI será el Siglo de Oro de la inteligencia.

En 2010 la población con una alimentación deficiente se reducirá a 680 millones de habitantes. La puesta en cultivo de nuevas tierras, la utilización de sistemas de explotación "limpios" y la incorporación de nuevos elementos a la dieta permitirán no sólo dar de comer a toda la humanidad, sino hacerlo de manera adecuada.

La mujer ocupará puestos de máxima responsabilidad, tanto en su profesión como en la política o en los consejos de administración.

Una gota de agua producirá la energía que consume una persona en toda su vida.

La colonización del espacio comenzará con la construcción de un observatorio espacial en la Luna en 2010. La exploración del Universo nos dará no sólo conocimiento, sino también materiales que ya no tendremos. La extracción de minerales en Marte será una realidad en 2070.

a. ¿Estás de acuerdo con estas predicciones? ¿Por qué? ¿Cuál te parece más posible?

b. Elige uno de los titulares sin noticia y redáctala.

Taller de Internet

Archivo Edición Ver Ir Favoritos Herramientas Ventana Ayuda   miér. 10:59 am   Internet Explorer

Sin título

Atrás Adelante Detener Actualizar **Página principal** Autorrelleno Imprimir Correo

Dirección

Estudia español por Internet

Centro Virtual Cervantes: http://cvc.cervantes.es/aula. En esta dirección encontrarás modelos de examen para obtener los Diplomas de Español como Lengua Extranjera (D.E.L.E). Son títulos oficiales, acreditativos del grado de competencia y dominio del idioma español, que otorga el Instituto Cervantes en nombre del Ministerio de Educación, Cultura y Deporte de España.

Zona de máquina local

1. Las expresiones para hablar del futuro:

Expresión del futuro	
Seguro / Cierto	
Sí Es seguro que Estoy seguro de que	
Probable / Posible	+ FUTURO
Probablemente Seguramente Posiblemente	
Improbable / Imposible	
No Seguro que no Estoy seguro de que no	

2a. Los electrodomésticos: la aspiradora, la batidora, la cafetera, el exprimidor, la freidora, la lavadora, el lavavajillas, el microondas, la nevera, la plancha, el tostador, la vitrocerámica, etc.

2b. Las herramientas de los ordenadores:
los altavoces, la disquetera, el escáner, la impresora, el lector de CD, el monitor, la pantalla, el ratón, el teclado, la torre, etc.

2c. El vocabulario propio de Internet:
la arroba, conectarse, la contraseña, el buscador, el/la internauta, el navegador, la página web, pulsar o pinchar, el enlace, etc.

3a. Los verbos en Futuro:

Futuro de verbos regulares		
INFINITIVO	+	–é –ás –á –emos –éis –án

Futuro de verbos irregulares		
HABER	habr–	–é
PODER	podr–	
PONER	pondr–	–ás
SABER	sabr–	
SALIR	saldr–	–á
TENER	tendr–	
VENIR	vendr–	–emos
QUERER	querr–	–éis
DECIR	dir–	
HACER	har–	–án

3b. La oración condicional:

Condición	Consecuencia
SI + Presente	Futuro
Si tengo tiempo, iré a verte.	

3c. Y la impersonalidad:

Impersonalidad		
SE + 3ª persona singular	Para hablar en general.	*Aquí se vive mejor.*
3ª persona plural	Cuando no importa quién lo hace.	*En esta revista hablan del trabajo.*

Transcripciones

Unidad 2

Página 18, actividad 4. Escucha los diálogos y marca el icono que corresponde. Después escribe la palabra.

1. ● Por favor, ¿los lavabos?
   - Aquí están.
2. ● ¿Para ir al centro?
   - Sí, esta es la parada de autobús, el autobús 35.
3. ● Quiero comer algo.
   - Mira, allí hay un restaurante.
4. - Taxi, taxi. Al hotel Regina.
5. ● ¿Hay un teléfono?
   - Sí, la cabina de teléfonos está allí.
6. ● Información, ¿en qué puedo ayudarle?
   - ¿Información? Hola, buenos días, mire...

Unidad 3

Página 26, actividad 1. Escucha y numera las imágenes.

[Contestador de Marcelo]:
Este es el número nueve, cero, ocho, cuatro, dos, cero, cinco, cinco. Puede dejar un mensaje después de la señal. Gracias.

[Leticia]:
Hola Marcelo, soy Leticia. Oye, mañana desayunamos en un sitio nuevo. En la cafetería Suiza. Está en la calle Delicias, en el número cinco, al lado de una oficina de correos. Te envío un plano de la zona por correo electrónico. Llamas tú a Lucía y Antonio, ¿vale? Hasta luego.

[Contestador de Lucía]:
Contestador de Antonio y Lucía, número seis, uno, dos, tres, dos, cinco, cero, uno, cuatro. Si quieres, deja un mensaje y te llamamos. Adiós.

[Marcelo]:
Hola, chicos, soy Marcelo. El desayuno con Leticia es en la cafetería Suiza. La dirección es calle Delicias cinco, enfrente de la estación de metro de Palos. La cafetería está a la derecha del Hotel Ginebra. Hasta mañana.

Comprensión y práctica

Página 27, actividad 2. Observa el cuadro, escucha y escribe las respuestas.

a. ● ¿Dónde está la oficina de correos?
   - Está entre el hotel y el estanco.
b. ● ¿Dónde está la estación del metro?
   - Detrás de la cafetería.
c. ● ¿Dónde están los niños?
   - Mira, están jugando a la derecha del hospital.
d. ● ¿Dónde está la cafetería?
   - Allí, a la izquierda de la oficina de correos.
e. ● ¿Dónde está el buzón?
   - Delante del estanco.

Unidad 4

Página 36, actividad 1. Escucha y numera las imágenes.

MARÍA: Buenos días.
SECRETARIA: Hola, buenos días.
MARÍA: Soy María Cardoso Figo, tengo una cita con el director.
SECRETARIA: Sí. ¿Me acompaña, por favor? ¿Señor Fuentes? Esta es la señorita Cardoso, tiene cita con usted. ¿Se acuerda?
SR. FUENTES: ¡Ah, sí! Adelante.
MARÍA: Gracias.
SR. FUENTES: Es usted brasileña, ¿no?
MARÍA: Sí.
SR. FUENTES: Y es licenciada en Lenguas Modernas, ¿verdad?
MARÍA: Sí, eso es. Hablo perfectamente español e inglés y tengo conocimientos de francés.
SR. FUENTES: Y ¿a qué se dedica ahora?
MARÍA: Trabajo en mi tesis y estoy en paro.
SR. FUENTES: ¿Tiene experiencia como profesora?
MARÍA: Sí, en Brasil, dos años como profesora de español en una academia de idiomas.
SR. FUENTES: ¿Quiere trabajar con nosotros?

MARÍA: Sí, claro.

SR. FUENTES: Muy bien. ¿Puede empezar mañana?

MARÍA: Sí, sí. Sin problema.

SR. FUENTES: Entonces, un momento, por favor. Susana, ¿puede llamar al señor Roca, por favor?

RAMÓN: Buenos días.

SR. FUENTES: Hola, Ramón. Mire, le presento a Ramón Roca, es el Jefe del Departamento de Idiomas.

MARÍA: Encantada.

RAMÓN: Mucho gusto.

SR. FUENTES: María Cardoso es la nueva profesora de portugués. Empieza mañana mismo.

Unidad 5

Léxico

Página 49, actividad 1c. Escucha las frases y señala el número correcto.

a. Vivo en la calle Castelló número veintiuno.

b. El prefijo de Barcelona es el noventa y tres.

c. Tengo treinta y ocho años.

d. En mi familia somos sesenta.

e. Tengo doce gatos.

f. En América Latina el 54% de la población trabaja en servicios.

Unidad 7

Página 66, actividad 1. Escucha y señala los dibujos relacionados con la vida de esta persona.

Presentador:
Señoras, señores. Aquí empieza ¡"La Noche de Reinaldo"!

Humorista:
Buenas noches. Muchas gracias. Muchas gracias. ¡Qué mala suerte! ¡Qué mala suerte! ¡Qué mala suerte! No, no, por favor, sin risas. Yo no soy normal. Todos los días me pasa algo.

Algo malo, claro.

Por ejemplo, yo nací el 20 de julio de 1969.

¿Qué pasó ese día? El hombre pisó la Luna por primera vez. ¿Y yo? Yo me caí de la cuna. También fue la primera vez, ¡pero el primer día de mi vida! De pequeño fui feliz, pero viví con mi mala suerte. A los nueve años me compraron unos patines y con ellos me rompí un brazo. Más tarde mi abuelo me regaló una bicicleta, y con ella me rompí una pierna. ¿Soy un hombre normal?

Al cumplir los 16 años me compré una moto. Tuve mi primer accidente grave: choqué contra un árbol y estuve en el hospital dos meses. Todavía me duele la cabeza. Pero me curé y entonces estudié Medicina. Así me ahorro dinero en médicos, ¿saben?

Me licencié en 1991 y, al año siguiente, me saqué el carné de conducir. Primero trabajé como médico en un pueblo y me compré un coche para ir de un sitio a otro. El coche me duró dos semanas:

siniestro total. Después trabajé en un hospital y allí conocí a una guapa enfermera. Nos casamos en 1997 y tuve dos hijos. Ahora conduce mi mujer, claro. Un día me quitó las llaves del coche y dijo: "Tú no eres un hombre normal". Desde entonces me siento detrás con los niños.

Unidad 8

Página 76, actividad 2. Escucha el programa de radio y di a qué mapa corresponden las previsiones del tiempo.

Hoy hizo buen tiempo en toda la península. Amaneció cubierto en el norte, pero a lo largo de la mañana las nubes se fueron y salió el sol. En las islas Baleares y en las islas Canarias también tuvieron un día de primavera.

Mañana tenemos que abrir los paraguas, vamos a tener un cambio. Por el oeste va a entrar un frente frío con lluvias generalizadas: va a llover mucho en Galicia y en Asturias, bastante en el resto de la península, y poco en Baleares y Canarias.

El sábado y el domingo, el tiempo va a ser soleado. En el centro de la península van a subir mucho las temperaturas; por el este van a entrar vientos cálidos y en el sur los termómetros van a llegar a 30°: demasiado para estas fechas, ¿verdad? En resumen, en el fin de semana lleven sus abanicos.

Unidad 9

A LA ESCUCHA. Llamas al hotel Regina y oyes este mensaje. Escúchalo y contesta a las preguntas.

Gracias por llamar al Hotel Regina. Para hacer una reserva, pulse 1; para el departamento nacional o internacional, pulse 2. Para cualquier otra información, pulse 3 y espere línea, enseguida atendemos su llamada.

Léxico

Actividad 2d. Escucha y marca cómo es Javier.

Me llamo Javier. Tengo 27 años. Soy delgado y moreno. Tengo el pelo rizado y llevo gafas. Soy un chico muy tranquilo y ordenado. A mí también me encanta viajar pero muchas veces no puedo por mi trabajo.

Expresión oral

Actividad 2b. Unos jóvenes reservan uno de estos dos viajes. Escucha y rellena la ficha.

- Buenos días.
- Hola, buenos días.
- Hola.
- Queremos ir al Club Alta Montaña.
- Sí, tenemos ganas de hacer deportes de aventura.
- Muy bien, ¿y qué preferís: piragüismo, vuelo sin motor...?
- Escalada.
- Y piragüismo también.
- Perfecto. Piragüismo y escalada. ¿Cuántos sois? ¿Dos?
- No, vamos a ir tres.
- Perfecto. ¿Y para cuándo? ¿Para el fin de semana?
- No, es para el verano.
- ¡Ah, vale! Pues tenéis que rellenar esta ficha de reserva. Ponéis vuestros nombres y aquí escribís los deportes que os interesan.

Unidad 10

A LA ESCUCHA. Quieres hacer una reserva en un restaurante y llamas por teléfono. Escucha el mensaje.

Hola, estás en Mikado. Dime qué servicio te interesa. Elige: compra de entradas, reservar en un restaurante, pedir un taxi o billetes de avión. Y recuerda, para volver al principio y seleccionar un nuevo servicio, sólo tienes que decir Mikado.

Léxico

Actividad 2a. Escucha el diálogo y completa el cuadro con lo que van a cenar.

- Hoy vienen mis padres a cenar.
- Es verdad. ¿Qué podemos hacer?
- A mi padre le gusta mucho el gazpacho.
- Muy bien, de primero gazpacho. ¿Y de segundo?

- No sé.
- Podemos hacer lenguado a la plancha.
- Perfecto. ¿Y de postre?
- Algo de fruta está bien.
- Vale. ¿Y tenemos que comprar algo?
- Sí, vamos a necesitar tomate, ajo y pimientos para el gazpacho, los lenguados y la fruta: melón y unas uvas, por ejemplo.
- ¿Y agua?
- ¡Ah, claro! Agua y una botella de limonada.
- Pues vamos.

Unidad 11

Actividad 3. Escucha el resto del diálogo y ordena las imágenes.

DEPENDIENTE: ¿Puedo ayudarles?
INMA: Sí, mire, buscamos algo para un amigo nuestro. Es su cumpleaños y va a dar una fiesta.
MARGA: ¡Calla, Inma! Perdone, ¿esta camisa es de algodón?
DEPENDIENTE: Sí.
MARGA: ¿Cuánto cuesta?
DEPENDIENTE: 29 euros.
INMA: ¡Uy! Es tan cara como la corbata.
MARGA: Sí, pero la corbata es de seda. ¿Te gusta la camisa, José María?
JOSÉ MARÍA: Prefiero esta azul.
MARGA: No sé, la roja es más bonita, ¿no?
DEPENDIENTE: ¿De qué talla, señores?
JOSÉ MARÍA: Miguel usa la talla mediana, como yo. ¿Me la puedo probar?
DEPENDIENTE: Por supuesto. Allí está el probador.
MARGA: ¿Te queda bien?
JOSÉ MARÍA: Sí, muy bien.
MARGA: La compramos.

A LA ESCUCHA. Escucha el siguiente mensaje.

Busque las ofertas de la semana fantástica de la moda: trajes, antes 400 euros, ahora 220; camisas, antes 45 euros, ahora 29. Todas las marcas a los mejores precios.

Léxico

Actividad 1b. Escucha y completa el cuadro.

Ella viste una elegante chaqueta azul sobre un jersey negro de lana a juego con los zapatos de piel del mismo color. La falda y el pañuelo de seda rojos le dan el toque sofisticado.
Él viste con traje gris sobre una clásica camisa blanca de algodón y una corbata amarilla de seda. El cinturón marrón de piel va a juego con los zapatos. Como complemento lleva un bonito sombrero verde.

Actividad 4. Escucha este diálogo y marca las plantas que van a visitar.

- ¿Vienes conmigo de compras? Es que tengo que comprar algo de fruta en el supermercado y unas aspirinas.
- Perfecto. Así yo le cambio la pila al reloj.
- Vale. Y podemos comer algo en la cafetería.

- ¡Qué bien! Así tengo tiempo de mirar unos zapatos. Estos están muy viejos.
- Pues te acompaño, y luego tú me ayudas a elegir un vestido. Tengo una boda el sábado.
- Oye, al final no vamos a tener tiempo de comer.
- Es verdad.

Unidad 12

Actividad 1. Lee estos textos, escucha el diálogo y marca las actividades que oyes.

MUJER: ¿Qué hacemos esta tarde? ¿Vamos al cine o al teatro?
HOMBRE: ¿Por qué no nos quedamos en casa? Es que hay un partido de fútbol en la tele.
MUJER: ¿Otra vez fútbol? Ayer dieron fútbol, hoy fútbol.
HOMBRE: A mí me encanta el deporte.
MUJER: Entonces haz como yo, que voy a un gimnasio, hago *footing* por el parque... Ver la tele no es hacer deporte.
HOMBRE: Estoy de acuerdo. Pero es que yo ya hice deporte de pequeño.
MUJER: ¿Ah sí? ¿Qué deporte hiciste tú?
HOMBRE: Pues fui montañero, estuve en los Andes. Y también jugué al tenis.
MUJER: ¡Qué barbaridad! Y ahora haces deporte desde el sofá, ¿no?
HOMBRE: Es que ahora me gusta más quedarme en casa y leer o ver la tele.
MUJER: Es verdad. Estás muy mayor.
HOMBRE: No es eso. Bueno, mira, el partido es a las siete y media, podemos dar un paseo antes.
MUJER: Vale. Pero es que luego quiero ir al cine a ver la última película de Almodóvar.
HOMBRE: Me parece que no es buena.
MUJER: Creo que sí porque mi hermana la vio la semana pasada y le gustó mucho.
HOMBRE: No sé. ¿Y si vamos a visitar a tus padres?
MUJER: Por mí sí. Pero tú nunca quieres ir a verlos.
HOMBRE: Ya. Pero tienen tele. Tú puedes charlar con tu madre, y tu padre y yo vemos el partido.
MUJER: ¡Qué hombre!

A LA ESCUCHA. Escucha este mensaje de radio y responde a las preguntas.

Hoy, a las nueve y media de la mañana, el OPINIÓMETRO. Un programa del Instituto Opina para la cadena OÍR. ¿Qué opinan los españoles sobre la televisión pública? ¿Están de acuerdo con su programación? Queremos saber también la opinión de nuestros oyentes. Llamen y dejen sus mensajes en nuestro contestador. Hoy, a las nueve y media, el OPINIÓMETRO. Si algo pasa, está la cadena OÍR.

Unidad 13

Actividad 2. Lee estos mensajes, escucha el resto del diálogo y di qué mensajes corresponden con el diálogo.

SOLE: ¡Hola, chicos!
JOSÉ CARLOS: Hola, Bea. Ya estamos todos.
JUAN: No, Pedro todavía no ha llegado.
BEA: A veces suele llegar tarde.

JUAN: ¿A veces? Casi siempre llega tarde.
JOSÉ CARLOS: ¡Ah, mira! He recibido un mensaje suyo. ¿A ver? Está en un atasco en la Gran Vía.
JUAN: ¿¡Viene en coche?! ¿Pero por qué no ha tomado el metro? Siempre hace lo mismo.
BEA: Claro, como hoy es fiesta, seguramente ha comido, se ha echado una siesta y ha salido tarde de casa.
JOSÉ CARLOS: Bueno, espera, le voy a responder a su mensaje.
SOLE: ¿Ya le has escrito?
JOSÉ CARLOS: Sí. Le he dicho que esperamos cinco minutos más y luego entramos.
BEA: Muy bien.

A LA ESCUCHA. Escucha este contestador automático y responde a las preguntas.

CONTESTADOR: El servicio contestador de Telefónica le informa de que tiene dos mensajes nuevos. Mensaje número uno. Recibido el día treinta de julio a las 15 horas 28 minutos.
LUISA: "Hola Inés, soy Luisa. Yo ya estoy en casa. Te llamo luego, ¿vale?"
CONTESTADOR: Mensaje número dos. Recibido el día treinta de julio a las 16 horas 10 minutos.
AGENCIA: "Este es un mensaje para Dña. Inés Casas. Le llamamos de la agencia de viajes Mirasol. Por favor, póngase en contacto con nosotros en el 91 575 47 44. Muchas gracias."

Léxico

Actividad 1b. Santiago trabaja por la noche. Escucha qué ha hecho y ordena las ilustraciones anteriores.

- ¿Cómo ha ido tu día, Santiago?
- Pues mira, yo trabajo por la noche, por eso me he levantado a las 3 de la tarde y he comido a las 4. Luego he pasado la tarde viendo la televisión. A veces voy al cine, pero hoy no he ido. He cenado sobre las 9 y media y he empezado a trabajar a las 12 de la noche. Normalmente salgo a las 6 y media y tomo un café con mis compañeros, pero hoy he salido una hora más tarde y no he tomado café. He vuelto a casa sobre las 8, he desayunado y me he acostado.

Mundo hispano

Actividad 1. Escucha esta noticia de radio y responde a las preguntas.

Hay ciudades que son muy importantes desde el punto de vista histórico y artístico, y, por eso, la Unesco (Organización de las Naciones Unidas para la Educación, la Ciencia y la Cultura) las elige para conservarlas de una forma especial. Entre ellas que hay muchas de habla hispana. Desde este año, Valparaíso (en Chile) y el conjunto monumental de Panamá Viejo (en Panamá) entran en el grupo de Ciudades Patrimonio de la Humanidad. ¿Quiere saber cuáles son las otras ciudades hispanas?
En Bolivia: Sucre y Potosí. En Colombia: Cartagena de Indias. En Cuba: La Habana y Trinidad. En Ecuador: Cuenca y Quito. En España: Alcalá de Henares, Ávila, Cáceres, Córdoba, Cuenca, Granada, Ibiza, Mérida, Oviedo, Salamanca, San Cristóbal de la Laguna, Santiago de Compostela, Segovia y Toledo. En Guatemala: Antigua Guatemala. En México: Campeche, Guanajuato, México, Morelia, Oaxaca, Puebla,

Querétaro, Tiacotalpán y Zacatecas. En Perú: Arequipa, Lima y Cuzco. En la República Dominicana: Santo Domingo. En Uruguay: Colonia del Sacramento. Y en Venezuela: Caracas y Coro.

Unidad 14

Actividad 1. Escucha el diálogo y completa los datos.

MANUEL: Hola, buenos días. Traigo este parte de accidente.
OFICINISTA: Buenos días. ¿A ver? Faltan algunos datos y el parte no está completo.
MANUEL: Sí. Es que no sé muy bien cómo hacerlo.
OFICINISTA: No se preocupe, yo le ayudo. Vamos a ver... ¿Sabe los datos del otro conductor? ¿Su carné de identidad, la dirección, el código postal?
MANUEL: Sí, es el 46.040.752 y vive en la calle de la Reina, 22. En Valencia. El teléfono es el 96 547 87 41. El código postal no lo sé, lo siento.
OFICINISTA: Bueno, no pasa nada. ¿Y la matrícula de la moto?
MANUEL: Sí, sí. 4587 HFV.
OFICINISTA: ¿Dónde tiene daños la moto?
MANUEL: En la rueda y el parachoques delanteros, y el faro roto.
OFICINISTA: Y ahora vamos con el siniestro. ¿Cómo ocurrió todo?
MANUEL: Verá. Yo estaba parado en un semáforo detrás de un camión. Entonces el semáforo se puso verde y el camión no arrancaba. Toqué el claxon pero el camión no se movía.
OFICINISTA: ¿Estaba averiado?
MANUEL: Yo creía que sí. Entonces giré el volante a la izquierda para adelantarlo y en ese momento vi una moto que pasaba a toda velocidad... Y chocó contra mi coche cuando yo arrancaba. Del golpe yo no podía abrir la puerta. Y también me rompió el parachoques delantero.
OFICINISTA: ¿Y el conductor de la moto está grave?
MANUEL: No, pero tiene una pierna rota y heridas en las dos manos. Llevaba el casco.
OFICINISTA: ¡Menos mal! Y al final ¿por qué no se movía el camión?
MANUEL: Porque estaba pasando un peatón. Era un hombre mayor y caminaba muy despacio.
OFICINISTA: Es decir, que la culpa fue suya, ¿no?
MANUEL: Pues sí.
OFICINISTA: Pues ya está, muchas gracias.

A LA ESCUCHA. En la Mutua Madrileña.
Escucha la siguiente grabación y responde a las preguntas.

Está usted en comunicación con Mutua Madrileña Automovilista. Nuestro horario de oficina en el que podemos realizar sus gestiones por teléfono es de 8 a 15 horas de lunes a viernes; los sábados, de 9 a 13 horas. Si desea enviarnos algún dato para los servicios de producción o siniestros, puede hacerlo a través de fax. Número de fax para producción, pólizas y recibos: 913 10 52 23. Número de fax para siniestros: 915 92 25 72. Muchas gracias.

Léxico

Actividad 2a. Escucha esta información de tráfico y completa el cuadro.

¡Buenos días! En León, en la autovía A6, hay retención en sentido A Coruña a causa de un accidente; también en Lérida, en el kilómetro 115 de la carretera nacional 230, hay retención por culpa de un choque entre dos vehículos. Y en Pontevedra, en la A52 tenemos un pequeño atasco a causa de un camión averiado. Circulen con precaución en estos puntos. Y la niebla provoca circulación lenta en Málaga, en la nacional 340. Por último les informamos de que hay obras en la nacional 550 (Santiago de Compostela), que producen pequeños problemas de tráfico. Tengan cuidado. Hasta aquí la información de tráfico.

Gramática

Actividad 3. Escucha la descripción que hace Manuel del peatón y marca la opción adecuada.

MANUEL: Bueno, pues era un hombre mayor, de unos 80 años, más o menos. Estaba cruzando la calle y, claro, caminaba despacio. No me fijé mucho en él, pero creo que tenía el pelo blanco. Llevaba barba, también blanca. Recuerdo que estaba muy delgado. Bueno, eso creo.

Unidad 15

Actividad 1. Escucha el diálogo y señala los vuelos que se mencionan.

ÉL: Estoy harto de estar esperando, se me está haciendo muy largo y...
ELLA: Sshh, por favor, cállate, no hables, a ver qué dicen.
AVISO: "El vuelo de Spainair número cinco seis tres, con destino a París y salida prevista a las diez de la mañana, se ha cancelado debido a problemas técnicos. Rogamos a los señores pasajeros que disculpen las molestias."
ÉL: Esto empieza mal.
ELLA: No seas pesado. Ya sabes, si viajas en avión, debes tener paciencia. Estas cosas pasan.
ÉL: Sí, paciencia. ¿Y ahora qué pasa?
AVISO: "Por su seguridad, mantengan sus pertenencias vigiladas en todo momento."
ÉL: Sí, sí, ya lo sabemos, no lo repitan más.
ELLA: Estás muy nervioso. ¿Por qué no te tranquilizas? Lee un poco el periódico.
AVISO: "Salida del vuelo de Iberia tres cinco dos uno con destino a Cancún. Señores pasajeros, embarquen por la puerta C 45."
ÉL: Bueno, al fin podemos embarcar.
ELLA: Toma tu bolsa, impaciente.

ÉL: Disculpen, por favor, creo que estos son nuestros asientos.
JOSÉ: A ver.
ÉL: Mire, nosotros tenemos el 17 A y B, ventanilla y pasillo.
JOSÉ: Ah! sí, perdonen. Nosotros estamos en el otro lado del pasillo.
ÉL: Nada, nada, no se preocupe.
ELLA: Cariño, ¿me puedes subir esto al maletero, por favor?
ÉL: Claro, dámelo. ¡Uf! ¡Cómo pesa la maletita!
ELLA: No te quejes más.

AZAFATA: Señores pasajeros: la compañía Iberia les da la bienvenida a bordo de su vuelo tres cinco dos uno con destino a Cancún y les desea un feliz vuelo. Les informamos de que el equipaje de mano deben guardarlo en los compartimientos superiores o debajo del asiento delantero. Por favor, dejen las salidas de emergencia despejadas. Les recordamos que este es un vuelo no-fumador. Está prohibido fumar también en los servicios. Por favor, abróchense los cinturones de seguridad y mantengan el respaldo de su asiento en posición vertical. Para evitar interferencias con la torre de control, apaguen sus teléfonos móviles y no utilicen aparatos electrónicos. Muchas gracias.

A LA ESCUCHA. Por megafonía.

A. Escucha este mensaje y ponlo en orden.
Último aviso a los señores pasajeros del vuelo LanChile uno siete uno con destino a Santiago: embarquen urgentemente por la puerta B 20.

B. Escucha este otro mensaje y responde.
Próxima estación: Plaza de España. Atención: estación en curva. Al salir tengan cuidado para no introducir el pie entre el coche y el andén.

Léxico

Actividad 2. Escucha el diálogo y ordena las viñetas. Después relaciónalas con el vocabulario.

- Esta es la terminal B, ¿no?
- Sí, vamos, que llegamos tarde.
- ...embarquen urgentemente por la puerta B20.
- ¿Qué puerta han dicho?
- No sé. Mira en la pantalla de información.
- A ver... La B 20. Pero ¿qué hacemos con el equipaje?
- Allí está el mostrador de facturación.
- No facturemos las maletas, son pequeñas.
- Vale, pero necesitamos las tarjetas de embarque.
- Es verdad. Corre, que el avión va a despegar.
- Hoy perdemos el vuelo.

Unidad 16

Actividad 1. Escucha el diálogo y di qué titulares tiene el reportaje que está leyendo el protagonista.

- Mira, aquí se habla de cómo será el futuro. Dice que el hombre, si quiere, cambiará su aspecto físico.
- Ya, y si no quiere también cambiará.
- ¿Por qué lo dices?
- Porque yo creo que en el futuro tendremos un cerebro pequeñísimo. Los ordenadores pensarán por nosotros... Y tendremos siete dedos para poder usar el ordenador más deprisa.
- Sí, claro. Y nuestras piernas serán decorativas porque nadie caminará, ¿verdad?
- Por supuesto. Probablemente en lugar de piernas tendremos ruedas, y ya no necesitaremos coches.
- Bueno, Paloma, no digas más tonterías. Hay que tomarse el futuro en serio. Posiblemente nosotros no conoceremos todas estas cosas, pero nuestros hijos, sí. Mira, por ejemplo, hablan del trabajo. En el futuro las máquinas harán todo y nuestro trabajo será más creativo.
- Me lo imagino. Ya no habrá lavadoras, ni aspiradoras, ni lavavajillas... En lugar de todo eso tendremos un robot que hará todas las faenas del hogar.
- Lo digo en serio. Si hablamos de futuro, siempre pensamos en Internet, viajes al espacio, máquinas... ¿Y los sentimientos? Yo creo que cada vez tendremos menos. El hombre vivirá con una sonrisa tonta permanente.
- Habrá que ser feliz por obligación, ¿no?
- Probablemente.

A LA ESCUCHA. Información meteorológica. Escucha y responde a las preguntas.

En las próximas horas, las temperaturas serán muy altas en todo el país. En este primer fin de semana del verano, volverán a dispararse los termómetros en el sur de España, donde alcanzarán los 40º centígrados. Las temperaturas serán algo más bajas en el norte, pues las lluvias seguirán cayendo intensamente sobre todo en la zona de los Pirineos. En las Comunidades del Mediterráneo el viento va a soplar con intensidad, con rachas que podrán alcanzar los 80 Km por hora.

Mundo hispano

Actividad 3. Escucha los diálogos y relaciónalos con uno de los gestos.

- ¿Hay mucha gente en la discoteca?
- ¡Uf! Muchísima. Está hasta los topes.

- ¿Has visto a Juan? Está muy delgado, ¿verdad?
- Sí, está delgadísimo.

- ¿Me dejas tu coche?
- No, ¡ni hablar!

- Me he comprado un televisor de pantalla plana.
- Y, ¿cuánto te ha costado?

- ¿Sabes cuál es la capital de Honduras?
- No tengo ni idea.

- ... y el sábado fui al cine, luego cenamos en aquel restaurante del puerto. Pero lo mejor fue el domingo cuando...
- ¡Bueno, calla, para ya, hombre! Llevas hablando 10 minutos.

- Mira ese, va hablando solo por la calle.
- Sí, ya lo conozco, es un poco raro, está como una cabra.

- Termina eso porque tengo otro trabajo para ti.
- Mira, estoy hasta las narices de trabajar.

- ¿Cuántos años hace que se fue? ¿15?
- Sí, más o menos, por ahí andará.

- Yo llevo la maleta pequeña y tú la grande.
- Claro, la grande pesa más. ¡Qué cara tienes!

Glosario

Español	Alemán	Francés	Inglés	Italiano	Portugués
abril	April	avril	april	aprile	abril
abrir	öffnen	ouvrir	to open	aprire	abrir
abrocharse	anschnallen	boucler	to fasten	allacciarsi	abotoar
abuelo, a (el, la)	Grossvater /-mutter	grand-père	grandfather/-mother	nonno	avô, avó
aburrido, a	langweilig	ennuyeux	boring	noioso	entediado, cansativo
accidente (el)	Unfall	accident	accident	incidente	acidente
aceite (el)	Öl	huile	oil	olio	óleo, azeite de oliva
acelerador (el)	Gespedal	accélérateur	accelerator	acceleratore	acelerador
acercarse	sich nähern	se rapprocher	to draw near	avvicinarsi	ir perto de
acompañar	begleiten	accompagner	to go with	accompagnare	ir com
actividad (la)	Aktivität	activité	activity	attivitá	actividade
actor, actriz (el, la)	Schauspieler	acteur	actor	attore	ator
actualidad (la)	Gegenwart	actualité	topicaliy	attualitá	actualidade
adelantar	fortschreiten	avancer	to overtake	sorpassare	progredir
adivinar	erraten	deviner	to guess	indovinare	advinhar
aeropuerto (el)	Flughafen	aéroport	airport	aeroporto	aeroporto
afición (la)	Hobby	passe-temps	hobby	hobby	afeição
agencia (la)	Agentur	agence	agency	agenzia	agência
agenda (la)	Terminkalendar	agenda	diary	agenda	agenda
agosto	August	août	august	agosto	agosto
agricultor, -a (el, la)	Landwirt	agriculteur	farmer	agricoltore	agricultor
agua (el) (fem.)	Wasser	eau	water	acqua	água
aire (el)	Luft	air	air	aria	ar
aire acondicionado (el)	Klimaanlage	air conditionné	air conditioning	aira condizionata	ar condicionado
ajo (el)	Knoblauch	ail	garlic	aglio	alho
ala (el) (fem.)	Flügel	aile	wing	ala	asa
alcohol (el)	Alcohol	alcool	alcohol	alcool	álcool
alegre	fröhlich	joyeux	happy	allegro	alegre
alergia (la)	Allergie	allergie	allergy	allergia	alergia
algodón (el)	Baumwolle	coton	cotton	cotone	algodão
alimentar	futtern	alimenter	to feed	inutrire	alimentar
almacenes (los)	Laden	boutique	department stores	grandi magazzini	supermercados
alojamiento (el)	Unterkunft	logement	lodging(s)	alloggio	alojamento
alojarse	Wohnung beziehen	se loger	to accommodate	allogiare	hospedar
altavoz (el)	Lautsprecher	haut-parleur	loudspeaker	altoparlante	alto-falante
alto, a	hoch	grand	tall, high	alto	alto
altura (la)	Höhe	hauteur	height	altezza	altura
alumno, a (el, la)	Schüler	élève	pupil	alunno	aluno
amable	liebenswürdig	aimable	lovable, kind	gentile	amavel
ambiente (el)	Umwelt	environnement	environment	ambiente	ambiente
amigo, a (el, la)	Freund	ami	friend	amico	amigo
amor (el)	Liebe	amour	love	amore	amor
amplio, a	waiträuning	spacieux	spacious, wide	ampio, spazioso	amplo
anciano, a (el, la)	alt	viellard	elderly person	anziano	ancião
andar	gehen	marcher	to walk, to go	camminare	andar
animal (el)	Tier, Tierisch	animal	animal	animale	animal
anuncio (el)	Werbenanzeige	annonce	advertisement	publicità	anúncio
año (el)	Jahr	année	year	anno	ano
apagar	aufmachen	éteindre	to put out	spegnere	desligar
aparato (el)	Gerät	appareil	device, set	apparecchio	aparelho
aparcamiento (el)	Parkplatz	stationnment	car park	parcheggio	estacionamento
aparcar	parken	garer	to park	parcheggiare	estacionar
aparecer	scheinen	apparaître, surgir	to appear	apparire, sbucare	aparecer
apartamento (el)	Wohnung	appartement	flat	appartamento	apartamento
apellido (el)	Familienname	nom	surname	cognome	sobrenome
árbol (el)	Baum	arbre	tree	albero	árvore

Español	Alemán	Francés	Inglés	Italiano	Portugués
argumento (el)	Schluss	argument	plot	argomento, trama	argumento
armario (el)	Schrank	armoire	wardrobe, closet	armadio	armário
arrancar	star, einen	démarrer	to start	metere in moto	arrancar
arroz (el)	Reis	riz	rice	riso	arroz
arruga (la)	Falte	ride	crease	ruga	ruga
arte (el) (fem.)	Kunst	art	art	arte	arte
artista (el, la)	Künstler	artiste	artist	artista	artista
ascensor (el)	Aufzug	ascenseur	lift	ascensore	elevador
asiento (el)	Sitz	siège	seat	sedile	assento
aspecto (el)	Darstellung	apparence	appearanc	aspetto	aparência
aspiradora (la)	Staubsauger	aspirateur	vaccum cleaner	aspirapolvere	aspirador de pó
atasco (el)	Verkehrsstauung	embouteillage	traffic jam	ingorgo	congestionamento, engarrafamento
atletismo (el)	Athletik	athlétisme	athletic	atletica	atletismo
atractivo, a	charmant	attrayant	lovely	attraente	atraente
aula (el) (fem.)	Klassenzimmer	classe	classroom	aula	aula
autobús (el)	Bus	autobus	bus	autobus	önibus
autopista (la)	Autobahn	autoroute	highway	autostrada	estrada
autor, -a (el, la)	Urheber	auteur	author	autore	autor
autorretrato (el)	Selbsportät	autoportrait	selfportrait	autoritratto	auto-retrato
autovía (la)	Autostrasse	route à 3 voies	railcar	superstrada	rodavia
avenida (la)	Allee	avenue	avenue	corso	avenida
aventura (la)	Abenteuer	aventure	adventurc	avventura	aventura
averiar	beschädigt werden	en panne	to break down	guastare	avaria, dano
avión (el)	Flugzeug	avion	airplane	aereo	avião
aviso (el)	Nachricht	avertissement	warning	avviso	aviso
ayer	gestern	hier	yesterday	ieri	ontem
ayudante (el, la)	Assistent	assistant	assistant	aiutante	auxiliar
ayudar	helfen	aider	to help	aiutare	ajudar
azafata (la)	Hostess	hôtesse	airline hostess	hostess	aeromoça
azúcar (el)	Zucker	sucre	sugar	zucchero	açúcar
azul	blau	bleu	blue	blu	azul
bachillerato (el)	Abitur	étude secondaire	high school	diploma di liceo	segundo grau
ballar	tanzen	danser	to dance	ballare	dançar
bajo, a	klein, niedrig	bas, petit	low, short	basso	baixo
baloncesto (el)	Basketball	basketball	basketball	basket	basquete
balonmano (el)	Handball	handball	handball	pallamano	handebol
ballet (el)	Ballet	danse	ballet	balleto	balé
banco (el)	Bank	banque	bank	banca	banco
baño (el)	Bade	bain	bath	bagno	banho
bar (el)	Bar	bar	bar	bancone	bar
barato, a	billig	bon marché	cheap	a buon mercato	barato
barba (la)	Bart	barbe	beard	barba	barba
barrio (el)	Stadteil	quartier	neighbourhood	quartiere	bairro
batidora (la)	Mixer	mixeur	mixer	trullatore	batedera
beber	trinken	boire	to drink	bere	beber
belleza (la)	Schönheit	beauté	beauty	bellezza	beleza
berenjena (la)	Aubergine	aubergine	eggplant	melanzana	berinjela
beso (el)	Kuss	baiser	kiss	bacio	beijo
bicicleta (la)	Fahrrad	bicyclette	bicycle	bicicletta	bicicleta
bien	gut	bien	well	bene	bem
bigote, (el)	Schnurrbart	moustache	moustache	baffi	bigode
billete de avión (el)	Flugschein	billet d'avion	flight ticket	biglietto d'aereo	bilhete aéreo
blanco	weiss	blanc	white	bianco	branco
blusa (la)	Bluse	chemisier	blouse	camicetta	blusa
boda (la)	Hochzeit	noces, mariage	wedding	nozze	casamento
bollo (el)	Brötchen	viennoiserie	bun	brioche	bolo
bolsa (la)	Tasche	sac	bag	sacchetto	sacola

Español	Alemán	Francés	Inglés	Italiano	Portugués
bonito, a	schön	joli	pretty	bello/grazioso	bonito
botella (la)	Flasche	bouteille	bottle	bottiglia	garrafa
brazo (el)	Arm	bras	arm	braccio	braço
broma (la)	Witz	plaisanterie	joke	scherzo	brincadeira
bronce (el)	Bronze	bronze	bronze	bronzo	bronze
bueno, a	gut	bon	good	buono	bom/boa
bufanda (la)	Schal	écharpe	scarf	sciarpa	cachecol
buscar	suchen	chercher	to look for	cercare	procurar, buscar
buzón (el)	Briefkasten	boîte aux lettres	mailbox	buca delle lettere	caixa de correio
caballero (el)	Herr	homme	gentlemen	uomo	senhor
cabeza (la)	Kopf	tête	head	testa	cabeça
cabina	Telefonzelle	cabine	booth	cabina	cabine telefônica
cable (el)	Kabel	cordon	cable	cavo	cabo
caerse	stürzen	tomber	to fall down	cadere	cair
café (el)	Kaffee	café	coffee	caffè	café
cafetera (la)	Kaffeemashine	cafetière	coffeemaker	caffettiera	cafeteira
cafetería (la)	Cafeteria	cafétéria	café	caffetteria	bar
caja (la)	Kasse	caisse	box, fund	cassa, scatola	caixa
calabacín (el)	Zucchini	courgette	marrow	zucchina	aboborinha
calamar (el)	Tintenfish	calmar	squid	calamaro	lula
calefacción (la)	Heizung	chauffage	heating	riscaldamento	aquecimento
calendario (el)	Kalender	calendrier	calendar	calendario	calendário
calidad (la)	Qualität	qualité	quality	qualitá	qualidade
caliente	warm, heiss	chaud	hot, warm	caldo	quente
callarse	schweigen	se taire	to keep quiet	tacere	calar-se
calle (la)	Strasse	rue	street	strada	rua
calor (el)	Wärme	chaleur	heat	caldo	calor
calvo, a	kahl	chauve	bold	calvo	careca
cama (la)	Bett	lit	bed	letto	cama
cámara (la)	Kamera	appareil de photos	camera	macchina fotografica	câmara
camarero, a (el, la)	Ober	serveur	waiter/-tress	cameriere	garçom, garçonete
cambiar	ändern	changer	to change	cambiare	mudar
cambio (el)	Wechsel	change	change	cambio, spiacioli	troco
caminar	wandern	marcher	to walk	camminare	caminhar
camino (el)	Weg	chemin	path, road	cammino, sentiero	caminho
camión (el)	Lastwagen	camion	truck, olry	camion	caminhão
camisa (la)	Hemd	chemise	shirt	camicia	camisa
camiseta (la)	T-shirt	tee-shirt	t-shirt	maglietta	camiseta
campeón, -a (el, la)	Meister	champion	champion	campione	campeão
campeonato (el)	Meisterschaft	compétition	championship	campionato	campeonato
campo (el)	Feld	campagne	country, field	campagna	campo
cancelar	löschen	annuler	to delete, to cancel	cancellare	cancelar
canción (la)	Lied	chanson	song	canzone	canção, música
cansarse	müde werden	se fatiguer	to get tired	stancarsi	cansar
cantante (el, la)	Sänger	chanteur	singer	cantante	cantor
cantidad (la)	Anzahl	quantité	amount	quantitá	quantidade
cara (la)	Gesicht	visage	face	faccia	cara, rosto
caro, a	teuer	cher	expensive	costoso	caro
carne (la)	Fleisch	viande	meat	carne	carne
carné (el)	Personalausweis	carte d'identité	identification card (i.d.)	tessera, carta d'identitá	carteira de identidade
carrera universitaria (la)	Karriere	les études, carrière	university major	carriera	carreira
carta (la)	Brief	lettre	letter	lettera	carta
casa (la)	Haus, Wohnung	maison	home, house	casa	casa
casarse	sich heiraten	se marier	to get married	sposarsi	casar-se
casco (el)	Helm	casque	helmet	casco	capacete
cazadora (la)	Jacke	blouson	jacket	giubotto	casaco
cebolla (la)	Zwiebel	oignon	onion	cipolla	cebola
cenar	zu Abend essen	dîner	to have dinner	cenare	jantar

Español	Alemán	Francés	Inglés	Italiano	Portugués
centro (el)	Mitte; Zentrum	centre	centre, middle	centro	centro
cerebro (el)	Gehirn	cerveau	brain	cervello	cérebro
cerrar	schliessen, zumachen	fermer	to close, to shut	chiudere	fechar
cerveza (la)	Bier	bière	beer	birra	cerveja
chico, a (el, la)	Junge/Mädchen	jeune garçon/fille	boy, girl	ragazzo	garoto, rapaz
chocolate (el)	Schokolade	chocolat	chocolate	cioccolato	chocolate
ciclista (el, la)	Radfahrer	cycliste	cyclist	ciclista	ciclista
ciencia (la)	Wissenschaft	sciences	science	scienza	ciência
cine (el)	Kino	cinéma	cinema	cinema	cinema
cinturón (el)	Gurkel	ceinture	belt	cintura	cinto
circulación (la)	Zirkulation	circulation	circulation	circolazione	circulação
cita (la)	Termin	rendez-vous	appointment	appuntamento	encontro
ciudad (la)	Stadt	ville	city, town	città	cidade
clase (la)	Klasse	sorte	class	classe	clase
clásico, a	klassish	classique	classic	classico	clássico
claxon (el)	Hupe	avertisseur	horn	clacson	buzina
cliente, a (el, la)	Kunde	client	customer	cliente	cliente
coche (el)	Auto	voiture	car	auto, macchina	carro
cocina (la)	Küche	cuisine	kitchen	cucina	cozinha
colección (la)	Kollection	collection	collection	collezione	coleção
colegio (el)	Schule	collège	school	scuola	colégio
colocar	anordnen	placer	to install	mettere a posto	posicionar
color (el)	Farbe	couleur	colour	colore	cor
comedor (el)	Speiseraum	salle à manger	dining room	stanza da pranzo	sala de jantar
comer	essen	manger	to eat	mangiare	comer
comercial	kommerziell	commercial	commercial	commerciale	comercial, propaganda
cómico, a	komisch	comique	comic, funny	comico	divertido, engraçado
comida (la)	Mahlzeit, Nahrug	repas, nourriture	food, meal	cibo, pasto	refeição
compañero, a (el, la)	Kommillitone	collègue, copain	mate, partner	compagno	companheiro
compañía (la)	Firma	compagnie	company	compagina, ditta	acompanhante
comparar	vergleichen	comparer	to compare	confrontare	comparar
compartimento (el)	Abteil	compartiment	compartment	scompartimento	compartimiento
competencia (la)	Konkurrenz	concurrence	competition	concorrenza	competência
comprar	kaufen	acheter	to buy	comprare	comprar
comprender	verstehen	comprendre	to understand	capire	compreender
conducir	fahren	conduire	to drive	guidare	dirigir, conduzir
conductor, -a (el, la)	Fahrer	chauffeur	driver	autista	motorista
confirmación (la)	Bestátigung	confirmation	confirmation	conferma	confirmação
confortable	bequem	confortable	confortable	comodo	confortável
conocer	kennen	connaître	to know	conoscere	conhecer
conocimiento (el)	Kenntnis	connaissance	knowledge	conoscenza	conhecimento
conseguir	kriegen	obtenir	to achive, to get	ottenere	conseguir
construir	bilden, bauen	construire	to build	costruire	construir
contar	erzählen	raconter	to count	contare	contar
contestar	antworten	répondre	to answer, to reply	rispondere	contestar
continuar	fortsetzen	continuer	to go on with	continuare	continuar
contraseña (la)	Passwort	mot de passe	password	password	contra-senha
conversación (la)	Gespräch	conversation	conversation	conversazione	conversação
copa (la)	Glas, Pokal	verre, coupe	glass, cup	bicchiere, coppa	copo, taça
corazón (el)	Herz	coeur	heart	cuore	coração
corbata (la)	Krawatte	cravate	tie	cravatta	gravata
cordero (el)	Lamm	agneau	lamb	agnello	cordeiro
correos	Post	poste (la)	post office	poste	correio
correr	rennen	courir	to run	correre	correr
corto, a	kurz	court	short	corto/a	curto
cosa (la)	Sache	chose	thing	cosa	coisa

Español	Alemán	Francés	Inglés	Italiano	Portugués
cosmético (el)	Kosmetikum	cosmétique	cosmetic	cosmetico	cosmético
costar	kosten	coûter	to cost	costare	custar
crear	schaffen	créer	to create	creare	criar
creativo, a	kreativ	créatif	creative	creativo	criativo
creer	glauben	croire	to belive, to think	credere	acreditar
crema (la)	Sahne	crème	cream	panna, crema	creme
cruzar	durchkreuzen	traverser	to cross	attraversare	atravessar
cuadro (el)	Bild	tableau	picture, painting	quadro	quadro
cuarto (el)	Zimmer	chambre	room	camera, stanza	quarto
cuchara (la)	Löffel	cuillère	spoon	cucchiaio	colher
cuchillo (el)	Messer	couteau	knife	coltello	faca
cuenta (la)	Rechnung	facture	bill, check	conto	conta
cuero (el)	Leder	cuir	leather	cuoio	couro
cuerpo (el)	Körper	corps	body	corpo	corpo
culpa (la)	Schuld	faute	blame, fault	colpa	culpa
cultura (la)	Kultur	culture	culture	cultura	cultura
cumpleaños (el)	Geburtstag	anniversaire	birthday	compleanno	aniversário
cuna (la)	Wiege	berceau	cradle	culla	berço
curarse	genesen	guérir, se soigner	to cure	guarire	sarar / curar-se
currículum (el)	Lebenslauf	curriculum	curriculum vitae	curriculum vitae	currículum (vitae)
chaqueta (la)	Mantel, Sakko	manteau, veste	coat, jacket	giatta	casaco
chocar	gegenfahren	choquer	to hit, to run into	sbattere	bater
chuleta (la)	Kotelett	côtelette	chop	braciola	costela
daño (el)	Verletzung	dommages	injury	danno	dano
dar	geben	donner	to give	dare	dar
dato (el)	Datum	données	data	dato	dado
debate (el)	Besprechung	débat	debate	dibattito	debate
deber	müssen, sollen	devoir	to must, to ought to	dovere	dever
débil	schwach	faible	weak	debole	debilitado, fraco
decidir	entscheiden	décider	to decide	decidere	decidir
decir	sagen	dire	to say	dire	dizer
dedo (el)	Finger	doigt	finger	dito	dedo
dejar	lassen	laisser	to leave, to let	lasciare	deixar
delgado, a	dünn	mince	thin, slim	magro	magro
dentista (el, la)	Zahnarzt	dentiste	dentist	dentista	dentista
departamento (el)	Abteilung	département	department	dipartimento	departamento
dependiente, a (el, la)	Verkeufer	vendeur	shop assistant	commesso	dependente
deporte (el)	Sport	sport	sport	sport	esporte
derecha (la)	Rechts	droite	right	destra	direita
desayunar	frühstücken	prendre le petit déjeuner	to have a breakfast	fare collazione	tomar o pequeno-almoço
descansar	ausruhen	se reposer	to rest	riposare	descansar
describir	beschreiben	décrire	to describe	descrivere	descrever
descripción (la)	Beschreibung	description	description	descrizione	descrição
descuento (el)	Preisnachlass	remise	discount	sconto	desconto
desear	möchten	vouloir, désirer	to wish, to will	volere, desiderare	desejar
desordenado/a	unordentlich	désordonné	untidy	disortidanto	desordendado
despertarse	aufwachen	se réveiller	to wake up	sveliarsi	acordar
destino (el)	Bestimmungsort	destination	destination	destinazione	destino
día (el)	Tag	jour	day	giorno	dia
diálogo (el)	Dialog	dialogue	dialogue	dialogo	diálogo
dibujo (el)	Zeichnung	dessin	drawing	disegno	desenho
diciembre	Dezember	décembre	december	dicembre	dezembro
dieta (la)	Diät	régime	diet	dieta	dieta
diferente	verschieden	différent	different	diverso	diferente
digital	digital	numérique	digital	digitale	digital
dinero (el)	Geld	argent	money	soldi	dinheiro
dirección (la)	Adresse	adresse	address	indirizzo	direção

Español	Alemán	Francés	Inglés	Italiano	Portugués
director, -a (el, la)	Direktor	directeur	director, manager	direttore	diretor
disco (el)	Scheibe	disque	disk	disco	disco
discoteca (la)	Disko	discothèque	discotheque	discoteca	discoteca
discutir	diskutiren	discuter	to discuss	discutere	discutir
diseñador, -a (el, la)	Designer	dessinateur	designer	disegnatore	desenhador
diseño (el)	Design	dessin	design	design, collezione	desenho
distancia (la)	Entfernung	distance	distance	distanza	distância
distinto, a	verschieden	différent/e	different	diverso/a	diferente
diversión (la)	Vergnügen	amusement	fun	divertimento	diversão
divertido, a	lustig	amusant/e	funny	divertente	divertido/a
divorciarse	sich scheiden lassen	divorcer	to get divorced	divorziarsi	divorciar-se
doble	doppelt	double	double	doppia	dôbro
doctor, -a (el, la)	Doktor	docteur	doctor	dottore	doutor
documento (el)	Dokument	document, dossier	document	documento	documento
doler	schmerzen, weh tun	avoir mal	to pain, to ache	doler, fare male	doer
dolor (el)	Schmerz	douleur	pain, ache	dolore	dor
domingo (el)	Sonntag	dimanche	sunday	domenica	domingo
dormir	schlafen	dormir	to sleep	dormire	dormir
dormitorio (el)	Schlafzimmer	chambre à coucher	bedroom	camera da letto	dormitório quarto
dudar	bezweifeln	douter	to doubt	dubitare	duvidar
economía (la)	Wirtschaft	économie	economy	economia	economia
economista (el, la)	Volkswirt(schafter, in)	économiste	economist	economista	economista
edad (la)	Alter	âge	age	età	idade
edificio (el)	Gebäude	edifice	building	edificio	edifício
educación (la)	Erziehung	éducation	education	educazione	educação
ejercicio (el)	Übung, Bewegung	exercice	exercise	esercizio	exercício
electrodoméstico (el)	Haushaltgerät	appareil électroménager	electrical household	elettrodomestico	electrodoméstico
elegancia (la)	Eleganz	élégance	elegance	eleganza	elegância
elegir	wählen	choisir	to choose	scegliere	escolher
embarcar	am Bord gegen	embarquer	to booard	inbarcare	embarcar
emergencia (la)	Notfall	émergence	emergency	emergenza	emergência
empezar	anfangen	commencer	to begin	iniziare	começar
empresa (la)	Betrieb	entreprise	company	ditta, impresa	empresa
enamorarse	sich verlieben	tomber amoureux	to fall in love	innamorarsi	apaixonar
encontrar	finden	trouver	to find	trovare, incontrare	encontrar
enero	Januar	janvier	january	gennaio	janeiro
enfadarse	böse werden	se fâcher	to get angry	arrabbiarsi	enfarar-se
enfermedad (la)	Krakheit	maladie	illness, sickness	malattia	doença
enfermero, a (el, la)	Krankbruder	infirmier	nurse	infermiere	enfermeiro
engordar	dick werden	grossir	to get fatter	ingrassare	engordar
ensalada (la)	Salat	salade	salad	insalata	salada
enseñar	lehren	enseigner	to teach	insegnare	ensinar
entender	verstehen	comprendre	to understand	capire	entender
entrada (la)	Eingang	entrée	entrance	ingresso	entrada
entrar	eintreten	entrer	to go in, to enter	entrare	entrar
entrecot (el)	Entrecote	entrecôte	ribeye steak	controfiletto	entrecosto
entrevista (la)	Interview	entretien	interview	intervista, colloquio	entrevista
envejecer	alt werden	vieillir	to get old	invecchiare	envelhecer
enviar	senden	envoyer	to send	inviare	enviar
equipaje (el)	Gepäck	bagage	luggage	bagaglio	bagagem
equivocarse	verwalen	se tromper	to mistake	sbagliare	enganar-se
escalada (la)	kletterei	escalade	climbing	arrampiceta	escalada
escaparate (el)	gross Fenster	vitrine	shopwindow	vetrina	vitrina
escoger	aussuchen	choisir	to choose	scegliere	escolher
escribir	schreiben	écrire	to write	scrivere	escrever
escritor, -a (el, la)	Schriftsteller	ecrivain	writer	scrittore	escritor
escuchar	zuhören	écouter	to listen	ascoltare	escutar

Español	Alemán	Francés	Inglés	Italiano	Portugués
escuela (la)	Schule	ecole	school	scuola	escola
escultura (la)	Bildhauerei	sculpture	sculpture	scultura	escultura
espacio (el)	Raum	espace	space	spazio	espaço
espalda (la)	Rücken	dos	back	schiena	costas
especialidad (la)	Spezialität	spécialité	spaciality	specialitá	especialidade
espejo (el)	Spiegel	miroir, glace	mirror	specchio	espelho
esperar	warten, hoffen	attendre	to wait, to hope	aspettare	esperar
esposo, a (el, la)	Ehemann	epoux	husband	sposo	esposo
esquiar	Ski fahren	faire du ski	to ski	sciare	esquiar
estación (la)	Bahnhof	gare	station	stazione	estação
estanco (el)	Tabakladen	bureau de tabac	kiosk	tabaccheria	tabacaria
estantería (la)	Regal	etagère	shelf	scaffale	estante
estar	sein	etre	to be	stare	estar
estómago (el)	Magen	estomac	stomach	stomaco	estômago
estrella (la)	Stern	étoile	star	stella	estrela
estrenar	debütieren	lancer (un film)	to debut, première	dare la prima	debutar
estropear	verminken	gâter, estropier	to demage, to maim	guastare	estragar
estudiar	studieren, lernen	étudier	to study	studiare	estudar
evitar	vermeiden	éviter	to avoid	evitare	evitar
examen (el)	Prüfung	examen	exam	esame	prova, exame
excursión (la)	Umfart	excursion	tour, trip	escursione	excursão
exigente	anspruchsvoll	exigent	demanding	esigente	exigente
existir	existieren	exister	to exist	essistere	existir
éxito (el)	Erfolg	succés	success	successo	sucesso
experiencia (la)	Erfahrung	expérience	experience	esperienza	experiência
explicar	erklären	expliquer	to explain	spiegare	explicar
exposición (la)	Ausstellung	exposition	exhibition	esposizione, gita	exposição
expresar	Ausdrüchen	exprimer	to express	esprimere	expressar
exprimidor (el)	Kegel	presse-jus	squeezer	spremiagrumi	espremedor
extranjero, a	ausländer	étranger	foreigner	straniero	estrangeiro
fácil	einfach	facile	easy	facile	fácil
falda (la)	Rock	jupe	skirt	gonna	saia
familia (la)	Familie	famille	family	famiglia	família
farmacia (la)	Apotheke	pharmacie	chemist's	farmacia	farmácia
faltar	fehlen	falloir, manquer	to be missing	mancare	faltar
febrero	Februar	février	february	febbraio	fevereiro
fecha (la)	Datum	date	date	data	data
feliz	glücklich	heureux	happy	felice	feliz
feo, a	häßlich	vilain, laid	ugly	brutto	feio
fiebre (la)	Fieber	fièvre	fever	febbre	febre
fiesta (la)	Fest, Feiertag	fête	party	festa	festa
fila (la)	Reihe	rang	file	fila	fila
filete (el)	Filet	beaf-steack	steak	filetto	filete
final (el)	Ende	fin	end	fine	final
flan (el)	Karamel Creme	flan	cream caramel	créme caramel	pudin
flor (la)	Blume	fleur	flower	fiore	flor
foto (la)	Aufnahme	photo	photo	foto	foto
fotografía (la)	Photo	photographie	photography	fotografia	fotografia
freidora (la)	Fritiertopf	friteuse	fryer	friggitrice	fritadeira
freír	braten	frire	to fry	friggere	fritar
freno (el)	Brense	frein	brake	freno	freio
frío (el)	Kälte	froid	cold	freddo	frio
fruta (la)	Obst	fruits	fruit	frutta	fruta
fuego (el)	Flamme	feu	fire, light	fuoco	fogo
fuerte	stark	fort	strong	forte	forte
fumar	rauchen	fumer	to smoke	fumare	fumar
funcionar	laufen, funtioniren	marcher	to run, to work	funzionare	funcionar
fútbol (el)	Fussball	football	soccer, football	calcio	futebol

Español	Alemán	Francés	Inglés	Italiano	Portugués
futuro (el)	Zukunftig	avenir	future	futuro	futuro
gafas (las)	Brille	lunettes	glasses	occhiali	óculos
ganar	gewinnen	gagner	to win	vincere	vencer
garaje (el)	Garage	garage	garage	garage	garagem
garganta (la)	Kehle, Hals	gorge	throat	gola	garganta
gas (el)	Gas	gaz	gas	gas	gas
gato (el)	Katze	chat	cat	gatto	gato
generoso, a	generous	généreux	generous	generoso	generoso
gente (la)	Leute	les gens	people	gente	gente
gesto (el)	Gebärde	geste	expresion	gesto	gesto
gimnasia (la)	Turnen	gymnastique	gymnastics	ginnastica	ginástica
girar	abbiegen	tourner	to turn	girare	girar
gordo, a	dick	gros	fat	grosso	gordo
gramo (el)	Gram	gramme	gram	grammo	grama
gratuito, a	kostenlos	gratuit	free	gratuito	gratuito
gris	grau	gris	grey	grigio	cinza
grúa (la)	Kran	grue	crane	gru	guindaste
gracias	Danke	merci	thanks	grazie	obrigado, a
grande	gross	grand	big, large	grande	grande
guapo, a	hübsch	beau	handsome, pretty	bello	bonito
guardar	speichen	enregistrer, garder	to save	salvare	colocar
guisante (el)	Erbse	petit pois	pea	pisello	ervilha
guitarra (la)	Gitarre	guitare	guitar	chitarra	violão
gustar	gefallen	aimer	to like	piacere	gostar
haber	haben	avoir	to have	avere	haver
habitación (la)	Zimmer	chambre	room	camera	quarto
hablar	sprechen	parler	to speak	parlare	falar
hacer	machen, tun	faire	to do, to make	fare	fazer
helado (el)	Eiskrem	glace	ice cream	gelato	sorvete
herido, a	verletzt	blessé	injured	ferito	machucado
hermano, a (el, la)	Bruder/Schwester	frère/soeur	brother/sister	fratello/sorella	irmão/irmã
hierro (el)	Eisen	fer	iron	ferro	ferro
hijo, a (el, la)	Sohn/Tochter	fils/fille	son/daughter	figlio	filho
historia (la)	Geschichte	histoire	story, history	storia	história
hogar (el)	Heim	foyer	home	focolare	lar
hombre (el)	Mann	homme	man	uomo	homem
hombro (el)	Schulter	épaule	shoulder	spalla	ombro
hora (la)	Uhr, Stunde	heure	hour	ora	hora
hospital (el)	Krankenhaus	hôpital	hospital	ospedale	hospital
hotel (el)	Hotel	hôtel	hotel	albergo	hotel
humano, a	menschlich	humain	human	umano	humano
idioma (el)	Sprache	langue	language	lingua	idioma
impaciente	ungeduldig	impatient	impatient	impaziente	impaciente
importante	wichtig	important	important	importante	importante
impresora (la)	Drucker	imprimante	printer	stampante	impressora
inaugurar	eröffnen	inaugurer	to inaugurate	inaugurare	inaugurar
industria (la)	Gewerbe	industrie	industry	industria	indústria
información (la)	Auskunft	information	information	informazione	informação
informar	mitteilen	communiquer	to communicate	comunicare	comunicar
informática (la)	Informatik	informatique	computer science	informatica	informática
ingeniero, a (el, la)	Ingenieur	ingénieur	engineer	ingegniero	engenheiro
inscripción (la)	Aufname	inscription	registration	iscrizione	registro
inteligencia (la)	Intelligenz	intelligence	intelligence	intelligenza	inteligência
inteligente	inteligent	intelligent	intelligent	intelligente	inteligente
interesante	interessant	intéressant	interesting	interessante	interessante
inventar	erfinden	inventer	to invent	inventare	inventar
invierno (el)	Winter	hiver	winter	inverno	inverno
invitar	einladen	inviter	to invite	invitare	convidar

Español	Alemán	Francés	Inglés	Italiano	Portugués
ir	gehen	aller	to go	andare	ir
izquierda (la)	Links	gauche	left	sinistra	esquerda
jamón (el)	Schinken	jambon	ham	prosciutto	presunto
jardín (el)	Garten	jardin	garden	giardino	jardim
jefe, a (el, la)	Chef	chef	boss	capo	chefe
jersey (el)	Pullover	pullover	jersey	maglia	suéter
joven	jung	jeune	young	giovane	jovem
judía (la)	Bohne	haricot	bean	fagiolo	vagem
jueves (el)	Donnerstag	jeudi	thursday	giovedì	quinta-feira
jugador, -a (el, la)	Spieler	joueur	player	giacatore	jogador
jugar	spielen	jouer	to play	giocare	brincar, joga
julio	Juli	juillet	july	luglio	julho
junio	Juni	juin	june	giugno	junho
kilo (el)	Kilo	kilo	kilo	chilo	quilo
kiosco (el)	Kiosk	kiosque	kiosk	edicola	banca (de revistas/ jornais) quiosque
lámpara (la)	Lampe	lampe	lamp	lampada	candeeiro
lana (la)	Wolle	laine	wool	lana	lä
lavadora (la)	Washmaschine	machine à laver	washing machine	lavatrice	máquina de lavar
lavavajillas (el)	Geschirrspüller	lavevaisselle	dishwasher	lavastoviglie	lavalouça
lápiz (el)	Bleistift	crayon de couleur	pencil	matita	lápis de cor
largo, a	lang	grand	long	lungo	longo, comprido
lavabo (el)	Waschbecken	lavabo	washbasin	lavabo	lavatório
lavarse	waschen	laver	to wash	lavare	lavar
lección (la)	Lektion	leçon	lesson	lezione	lição
leche (la)	Milch	lait	milk	latte	leite
lechuga (la)	grüner Salat	laitue	lettuce	lattuga	alface
leer	lesen	lire	to read	leggere	ler
lengua (la)	Sprache	langue	language	lingua	língua
lenguado (el)	Seezunge	sole	sole	sogliola	linguado
lenguaje (el)	Sprache	langue	language	linguaggio	língua
lento, a	langsam	lent	slow	lento	lento
levantarse	aufstehen	se lever	to rise, to get up	alzarsi	levantar-se
ley (la)	Gesetz	loi	law	legge	lei
libre	frei	libre	free	libero	livre
librería (la)	Buchhandlung	librairie	bookstore, bookshop	libreria	livraria
libro (el)	Buch	livre	book	libro	livro
licenciado, a	Lizentiat	diplômé	graduated	laureato	formado, graduado
limonada (la)	Zitronensaft	limonade	lemonade	limonata	limonada
limpiaparabrisas (el)	Scheibenwischer	essuie glace	windscreenwiper	tergicristallo	limpiador de parabrisa
limpiar	putzen	nettoyer	to clean	pulire	limpar
liso, a	glatt	raide (cheveux)	straight	liscio	liso
lista (la)	Liste	liste	list	lista, elenco	lista
litro (el)	Liter	litre	litre	litro	litro
llamar (por teléfono)	anrufen	appeler	to call	chiamare	chamar
llamarse	heissen	s'appeler	to be named	chiamarsi	chamar-se
llave (la)	Schlüssel	clé	key	chiave	chave
llegada (la)	Ankunft	arrivée	arrival	arrivo	chegada
llegar	ankommen	arriver	to arrive	arrivare	chegar
llevar	tragen, bringen	porter	to take, to carry	portare	levar
llover	regen	pleuvoir	to rain	pioggiare	chuvar
lugar (el)	Ort	lieu	place	luogo	lugar
lujo (el)	Luxus	luxe	luxury	lusso	luxo
luminoso, a	leuchlend, hell	lumineux	shinnig	luminoso	luminoso
lunes (el)	Montag	lundi	monday	lunedì	segunda-feira
luz (la)	Licht	lumière	light	luce	luz
madera (la)	Holz	bois	wood	legno	madeira
madre (la)	Mutter	mère	mother	madre	mãe

Español	Alemán	Francés	Inglés	Italiano	Portugués
maduro, a	reif	mûr	ripe	maturo	maduro
maleta (la)	Koffer	valise	suitcase, travelling bag	valigia	mala
maletero (el)	Kofferraum	réservoir	car trunk	bagagliaio	bagageira
malo, a	schlecht	mauvais	bad	cattivo	mau
mamá	Mama	maman	mum, mummy	mamma	mamãe
mantel (el)	Tischtuch	nappe	tablecloth	tovaglia	toalha de mesa
mano (la)	Hand	main	hand	mano	mão
mantequilla (la)	Butter	beurre	butter	burro	manteiga
manzana (la)	Apfel	pomme	apple	mela	maçã
mañana (la)	Morgen	matin	morning	domani	manhã
marido (el)	Ehemann	mari	husband	marito	marido
marisco (el)	Meeresfrüchte	fruits de mer	seafood	frutti di mare	fruto do mar
matar	umbringen	tuer	to kill	uccidere	matar
martes (el)	Dienstag	mardi	tuesday	martedì	terça-feira
marzo	März	mars	march	marzo	março
matrícula (la)	Kennzeichen	plaque d'immatriculation	numer plate	targa	placa
mayo	Mai	mai	may	maggio	maio
mecánico, a (el, la)	Mechaniker	mécanicien	mechanic	meccanico	mecánico
medalla (la)	Medaille	médaille	medal	medaglia	medalha
medicina (la)	Arzneimittel	médicament	medicin	medicina	medicamento
médico, a (el, la)	Arzt	médecin	doctor	medico, dottore	médico
melocotón (el)	Pfirsch	pêche	peach	pesca	pêssego
melón (el)	Melone	melon	melon	melone	melão
mensaje (el)	Meldung	message	message	messaggio	mensagem
menú (el)	Menü	menu	menu	menu	menú
mercado (el)	Markt	marché	market	mercato	mercado
merluza (la)	Seehecht	merluche	hake	merluzzo	merluza
mermelada (la)	Mermelade	confiture	marmalade	marmellata	marmelada, geléia
mes (el)	Monat	mois	month	mese	mês
mesa (la)	Tisch	table	table	tavolo	mesa
metro (el)	U-Bahn	métro	subway, undergraund	metropolitana	metrô, metro
miércoles (el)	Mittwoch	mercredi	wednesday	mercoledì	quarta-feira
microondas (el)	Mikrowellenherd	four à microondes	microwave	forno a microonde	forno microondas
ministerio (el)	Ministerium	ministère	ministy	ministerio	ministério
mirar	betrachten, ansihen	regarder	to look at, to see	guardare	olhar
moda (la)	Mode	mode	fashion	moda	moda
modelo (el, la)	Dressmann/frau	mannequin	faschion model	indossatrice	modelo
moderno, a	moderne	moderne	modern	moderno	moderno
modisto, a (el, la)	Schneider	couturière	dressmaker	sarto	alfayate, costurera
mojar	eintauchen	tremper	to wet	inzuppare	molhar
molestar	stören	ennuyer	to disturb	importunare	incomodar
momento (el)	Augenblick	moment	moment, instant	momento	momento
montaña (la)	Berg	montagne	mountain	montagna	montanha
montañero, a (el, la)	Bergsteiger	alpiniste	alpinist, climber	alpinista	alpinista
monumento (el)	Sehenswürdigkeit	monument	monument	monumento	monumento
moreno, a	dunkelhäutig	brun	dark	bruno	moreno
morirse	sterben	mourir	to die	morire	morrer
moto (la)	Motorrad	motocyclette	motorcycle	motocicletta	motocicleta
motorista (el, la)	Motorratfahrer	automobiliste	motorist	motociclista	motorista
mover	bewegen	bouger	to move	muovere	mover
móvil (el)	Funktelepon	portable	cellphone	cellulare	celular
mueble (el)	Möbelstück	meuble	piece of furniture	mobile	móvel
muela (la)	Backenzahn	dent	molar tooth	molare	dente molar
mujer (la)	Frau, Ehefrau	femme	woman, wife	donna, moglie	mulher, esposa
multa (la)	Strafzettel	amende	fine	multa	multa
mundo (el)	Welt	monde	world	mondo	mundo
museo (el)	Museum	musée	museum	museo	museu

Español	Alemán	Francés	Inglés	Italiano	Portugués
música (la)	Musik	musique	music	musica	música
nacer	geboren werden	naître	to be born	nascere	nascer
nacimiento (el)	Geburt	naissance	birth	nascita	nascimiento
nacionalidad (la)	Nazionalität	nationalité	nacionality	cittadinanza	nacionalidade
naranja (la)	Orange	orange	orange	arancione	laranja
nariz (la)	Nase	nez	nose	naso	nariz
natación (la)	Schwimmen	natation	swimming	nuoto	natação
necesitar	benötigen, brauchen	avoir besoin	to need	avere bisogno di	precisar de, necessitar
negro, a (el, la)	schwarz	noir	black	nero	preto
nervioso, a	nervous	nerveux	nervous	nervoso	nervoso
nevar	schneien	neiger	to snow	nevicare	nevar
nevera (la)	Kühlschrank	réfrigérateur	refrigerator	frigorifero	geladeira
niebla (la)	Nebel	brume	fog	nebbia	neblina, névoa
nieto, a (el, la)	Enkel	petit-fils	grandson	nipote	neto
niño, a (el, la)	Kind	enfant	child	bambino	menino, a criança
noche (la)	Nacht	nuit	night	notte	noite
nombre (el)	Name	prénom	name	nome	nome
norma (la)	Norm	norme	norm, standard	norma	norma
noticia (la)	Neu	nouvelle	new	notizia	notícia
novedad (la)	Neuheit	nouveauté	novelty	novità	novidade
novela (la)	Roman	roman	novel	romanzo	romance
noviembre	November	novembre	november	novembre	novembro
nube (la)	Wolke	nuage	cloud	nuvola	nuvem
nuevo, a	neu	nouveau	new	nuovo	novo
número (el)	Nummer	nombre	number	numero	número
objetivo (el)	Ziel	objectif	object, aim	obiettivo	objetivo
objeto (el)	Objekt	objet	object	oggetto	objeto
observar	beobachten	observer	to observe, to watch	osservare	observar
ocio (el)	Musse	oisivité, loisirs	leisure, spare time	tempo libero, ozio	lazer
octubre	Oktober	octobre	october	ottobre	outubro
oferta (la)	Angebot	offre	offer	offerta	oferta
oficina (la)	Büro	bureau	office	ufficio	escritório
oficinista (el, la)	Kaufmännische Angestellte	employé de bureau	clerk	impiegato	funcionário
ofrecer	anbieten	offrir	to offer	offrire	oferecer
oído (el)	Gehör	ouïe	ear	orecchia/udito	ouvido
oír	hören	ecoute	to hear, to listen to	sentire, ascoltare	ouvir
ojo (el)	Auge	oeil	eye	occhio	olho
oliva (la)	Olive	olive	olive	oliva	azeitona
olvidar	vergessen	oublier	to forget	dimenticare	esquecer
operación (la)	Operation	opération	operation	intervento	operação
orden (el)	Befehl	ordre	order	ordine	ordem
ordenador (el)	Computer	ordinateur	computer	computer	computador
otoño (el)	Herbst	automne	autumn, fall	autunno	outono
paciencia (la)	Geduld	patience	patience	pazienza	paciência
padre (el)	Vater	père	father	padre	pai
padres (los)	Eltern	parents	parents	genitori	pais
pagar	zahlen	payer	to pay	pagare	pagar
país (el)	Land	pays	country	nazione, paese	país
palanca (la)	Klappenstiel	levier	lever	leva	alavanca
pan (el)	Brot	pain	bread	pane	pão
panadería (la)	Bächerei	boulangerie	bakery	panetteria	confeitaria
pantalón (el)	Hose	pantalon	trousers	pantalone	calça
pantalla (la)	Bildschirm	écran	screen, dislay	schermo	tela
pañuelo (el)	Kopf-, Halstuch	foulard	scarf	foulard	lenço de cabeça
papá (el)	Papa	papa	dad, daddy	papà	papai
papel (el)	Papier	papier	paper, role	carta	papel
parabrisas (el)	Windschutzscheibe	parebrise	windshield	parabrezza	pára-brisa

Español	Alemán	Francés	Inglés	Italiano	Portugués
parachoques (el)	Strossstange	parachoc	bumper	paraurti	pára-choque
paraguas (el)	Regenschirm	parapluie	umbrella	ombrello	guarda-chuva
parar	anhalten	arrêter	to stop	fermare	parar
parecer	scheinen, aussehen wie	sembler	to seem	sembrare	parecer
pareja (la)	Paar	couple	couple	coppia, partner	casal
paro (el)	Arbeitslosigkeit	chômage	unemployment	disoccupazione	desemprego
parque (el)	Park	parc	park	parco	parque
parte (el)	Nachricht	déclaration d'accident	report	parte	boletim de ocorrência
partido (el)	Spiel	partie, match	game, match	partita	jogo
pasajero, a (el, la)	Passagier	passager	passenger	passeggero	passageiro
pasaporte (el)	Reisepass	passeport	passport	passaporto	passaporte
pasar	geschehen	passer	to pass	passare, succedere	passar
pasear	spazieren gehen	se promener	to take for a walk	passeggiare	passear
pasillo (el)	Gang	couloir	corridor	corridoio	corredor
patata (la)	Kartoffel	patate	potato	patata	batata
peatón, -a (el, la)	Strassenbenutzer	piéton	pedestrian	pedone	pedestre
pedir	bitten, bestellen	demander	to ask for, to request	richiedere, chiedere	pedir
película (la)	Film	film	movie, film	film	filme
pelirrojo, a	Rothaarige	roux	redhead	dai capelli rossi	ruiva
pelo (el)	Haar	cheveux	hair	capelli	cabelo
peluquero, a (el, la)	Friseur	coiffeur	hairdresser	parrucchiere	cabeleleiro
pensar	denken	penser	to think	pensare	pensar
pequeño, a	klein	petit	little, small	piccolo	pequeno
perder	verlieren	perdre	to lose	perdere	perder
periódico (el)	Zeitung	journal	newspaper	giornale	jornal
permitir	lassen, erlauben	permettre	to let, to allow	permettere	deixar
perro (el)	Hund	chien	dog	cane	cachorro
persona (la)	Mensch	personne	person	persona	pessoa
personaje (el)	Figur	personnage	character	personaggio	personagem
pesado, a	Lästig, langweilig	palmette	niggling	pesante	pesado
pesar	wiegen	peser	to weigh	pesare	pesar
pescado (el)	Fisch	poisson	fish	pescato	pescado
pie (el)	Fuss	pied	foot	piede	pé
pila (la)	Batterie	pile	battery	pila	pilha
piloto (el, la)	Lotse	pilote	pilot	pilota	piloto
pierna (la)	Bein	jambe	leg	gamba	perna
pimienta (la)	Pfeffer	poivre	pepper	pepe	pimienta
pimiento (el)	Paprika	poivron	pepper	peperone	pimentão
pintar	Anstreichen, malen	peindre	to paint	dipingere	pintar
pintor, a (el, la)	Maler	peintre	painter	pittore	pintor
piragüismo (el)	Kanusport	canöekayack	canoeing	canotaggio	caiatismo
piropo (el)	Kompliment	compliment	compliment	complimento	cumprimento
piscina (la)	Schwimmbad	piscine	swimming pool	piscina	piscina
piso (el)	Stock, Wohnung	etage, appartement	flat, apartment	appartamento	apartamento
plan (el)	Ziel	plan	plan	programa	plano
plano (el)	Stadtplan	plan	map	piano/piantina	mapa
planta (la)	Pflanze	plante	plant	pianta	planta
plástico (el)	Plastik	plastique	plastic	plastica	plástico
plátano (el)	Banane	banane	banana	banana	banana
plato (el)	Teller	assiette	plate	piatto	prato
playa (la)	Strand	plage	beach	spiaggia	praia
plaza (la)	Platz	place	square, place	piazza	lugar, praça
población (la)	Bevölkerung	population	population	popolazione	povoação
poder	können, dürfen	pouvoir	can, to be able to	potere	poder
poema (el)	Gedicht	poème	poem	poesia	poema
poeta, isa (el, la)	Poet	poète	poet	poeta	poeta
policía (la)	Polizei	police	police	polizia	polícia

Español	Alemán	Francés	Inglés	Italiano	Portugués
político, a	Politik	politique	politic	politico	político
póliza (la)	Versicherungspolice	police	policy	póliza	apólice
pollo (el)	Hähnchen	poulet	chicken	pollo	frango
poner	legen	mettre	to put	mettere	pôr
por favor	bitte	s.v.p./s.t.p.	please	prego	por favor
portada (la)	Titelblatt	couverture	cover	copertina	capa
portátil (el)	Laptop Computer	ordinateur portable	laptop	portatile	laptop
postal (la)	Postkarte	carte postale	postcard	postale	cartão postal
postre (el)	Dessert	dessert	dessert	dolce, dessert	sobremesa
practicar	ausüben	pratiquer	to practise	praticare	praticar
precaución (la)	Vorsicht	mesure de précaution	precaution, caution	norma precauzione	precaução
precio (el)	Preis	prix	price	prezzo	preço
preferir	vorziehen	préférer	to prefer	preferire	preferir
preguntar	fragen	poser des questions	to ask	domandare	perguntar
premio (el)	Preis	prix	award	premio	prémio
presentar	vorstellen	présenter	to present	presentare	apresentar
presidente (el, la)	Vorsitzende	président	president	presidente	presidente
primavera (la)	Frühling	printemps	spring	primavera	primavera
principio (el)	Anfang	début	beginning	principio	princípio
probador (el)	Anproberaum	cabine d'essayage	fitting room	camerino di prova	provador
problema (el)	Problem	problème	trouble	problema	problema
profesión (la)	Beruf	profession	profession, career	professione	profissão
profesor, -a (el, la)	Lehrer	professeur	teacher	professore	professor
programación (la)	Vorherbestimmung	programmation	scheduling	programmazione	programação
prohibir	verbieten	défendre	to prohibit, to forbid	vietare	proibir
pronto	bald	prêt, bientôt	soon	presto	pronto
proponer	voerschlagen	proposer	to propose	proporre	propor
protagonista (el, la)	Haupperson	protagoniste	protagonist	protagonista	protagonista
próximo, a	Nächste	prochain	next	prossimo	seguinte
publicidad (la)	Werbung	publicité	advertising	publicità	propaganda
pueblo (el)	Dorf	village	village	paese	povo, povoado
puerro (el)	Lauch	poireau	leek	porro	alho-poró
quedar	verbleiben	fixer un rendez-vous	to make an appoinment	darsi appuntamento	marcar encontro
quedarse	bleiben	rester	to stay	rimanere	ficar
querer	wollen, lieben	vouloir, aimer	to want, to love	volere, amare	querer
queso (el)	Käse	fromage	cheese	formaggio	queijo
radio (la)	Radio	radio	radio	radio	radio
ratón (el)	Maus	souris	mouse	mouse	mouse, rato
rebajas (las)	Nachlass	soldes	reduction, sales	saldi	desconto
recepcionista (el, la)	Rezeptionist	réceptionniste	recepcionist	receptionist	recepcionista
reclamar	reklamieren	réclamer	to claim	reclamare	reclamar
recordar	erinnern	rappeler	to remember	ricordare	lembrar
refresco (el)	Limonade	rafraîchissement	soft drink, soda	bevenda analcolica	refrigerante
regalar	schenken	faire un cadeau	to give as a gift	regalare	presentear
regalo (el)	Geschenk	cadeau	gift, present	regalo	presente
reír	lachen	rire	to laugh	ridere	rir
reloj (el)	Uhr	montre	watch	orologio	relógio
relojería (la)	Uhrengescháft	horlogerie	clock store	orologeria	relojoaria
rellenar	ausfüllen	remplir	to fill in	compilare	preencher
repetir	wiederholen	répéter	to repeat	ripetere	repetir
reservar	reservieren	réserver	to reserve, to book	prenotare	reservar
respaldo (el)	Rückenlehme	dossier	seat back	schienale	encosto
responder	antworten	répondre	to answer	rispondere	responder
restaurante (el)	Restaurant	restaurant	restaurant	ristorante	restaurante
retrovisor (el)	Rückspiegel	rétroviseur	rearview mirror	retrovisore	retrovisor
reunión (la)	Versammlung	réunion	meeting	riunione	reunião

Español	Alemán	Francés	Inglés	Italiano	Portugués
revista (la)	Magazin	revue	the magazine	rivista	revista
rizado, a	locking	bouclé	curly	riccio	cacheado
río (el)	Fluss	fleuve	river	fiume	rio
risa (la)	Lachen	rire	laugh	riso	risada
robot (el)	Roboter	robot	robot	robot	robô
rojo	rot	rouge	red	rosso	vermelho
romper	brechen	casser	to break	rompere	romper
ropa (la)	Anziehen	vêtements	cloting, clothes	abbigliamento	vestuário
rubio, a	blond	blond	blond	biondo/a	loiro
rueda (la)	Rad	roue	wheel	ruota	roda
ruido (el)	Geräusch	bruit	noise	rumore	barulho
sábado (el)	Samstag	samedi	saturday	sabato	sábado
saber	wissen	savoir	to know	sapere	saber
sal (la)	Salz	sel	salt	sale	sal
salado, a	salzig	salé	salted	salato	salgado
salida (la)	Ausfahrt	sortie	exit	uscita	saída
salir	ausgehen	sortir	to go out	uscire	sair
salón (el)	Wohnzimmer	salon	lounge	salotto	salão
salsa (la)	Sosse	sauce	sauce	salsa	molho
salud (la)	Gesundheit	santé	health	salute	saúde
sano, a	gesund	sain	healthy	sano	saudável
sardina (la)	Sardine	sardine	sardine	sardina	sardinha
secador (el)	Haartrockner	sèchecheveux	hairdryer	asciugacapelli	secador de cabelo
secretario, a (el, la)	Sekretär	secrétaire	secretary	segretario	secretário
seda (la)	Seide	soie	silk	seta	seda
seguir	fortsezen, folgen	suivre	to continue	continuare	seguir, continuar
seguridad (la)	Sicherheit	sécurité	security	sicurezza	segurança
seguro (el)	Versicherung	assurance	insurance	assicurazione	seguro
seleccionar	wählen	sélectionner	to select	scegliere	selecionar
sello (el)	Briefmarke	timbre	stamp	francobollo	selo
semáforo (el)	Ampel	feux	traffic light	semaforo	farol
semana (la)	Woche	semaine	week	settimana	semana
sentarse	sich setzen	s'asseoir	to sit down	sedersi	sentar-se
sentimiento (el)	Gefühl	sentiment	feeling	sentimento	sentimento
sentir	spüren	sentir	to feel	sentire	sentir
señal (la)	Verkehrszeichen	panneau	signal	segnale	sinal
septiembre	September	septembre	september	settembre	setembro
ser	sein	être	to be	essere	ser
serio, a	ernst	sérieux	serious	serio	sério
servilleta (la)	Serviette	serviette	napkin	tovagliolo	guardanapo
siesta (la)	Mittagsruhe	sieste	nap, siesta	siesta, pisolino	cochilo
siglo (el)	Jahrhundert	siècle	century	secolo	século
siguiente	nächste	suivant	next	seguente, successivo	siguinte
silla (la)	Stuhl	chaise	chair	sedia	cadeira
sillón (el)	Sessel	fauteuil	arm chair	poltrona	cadeirão, poltrona
simpático, a	sympathisch	sympathique	nice	simpatico/a	simpático
sobrino, a (el, la)	Neffe, Nichte	neveu, nièce	nephew	nipote	sobrinho
sofá (el)	Sofa	canapé	sofa	divano	sofá
sol (el)	Sonne	soleil	sun	sole	sol
soler	pflegen	avoir l'habitude de	to be in the habit	essere solito	ter o hábito
sombrero (el)	Hut	chapeau	hat, cap	cappello	chapéu
sonido (el)	Ton	son	sound	suono	som
sonrisa (la)	Lächeln	sourire	smile	sorriso	sorriso
sopa (la)	Suppe	soupe	soup	zuppa	sopa
soso, a	geschmecklos	fade	tasteless	sciapo	scm sabor
sótano (el)	Keller	sous-sol	basement	seminterrato	porão
suave	weich	doux	soft	morbido	suave
subir	steigen	monter	to raise, to go up	salire	subir

Español	Alemán	Francés	Inglés	Italiano	Portugués
suceso (el)	Vorfall	événement	happening	avvenimiento, fatto	sucesso
sucio, a	Schmutzig	sale	dirty	sporco	sujo
sueldo (el)	Gehalt	salaire	salary	stipendio	salário
suerte (la)	Glück	chance	luck	fortuna	sorte
sugerir	anregen	suggérer	to suggest	suggerire	sugerir
sumergir	untertauchen	sumerger	to inmerse, to plunge	immergere	mergulhar
supermercado (el)	Supermarkt	supermarché	supermarket	supermercato	supermercado
sustituir	ersetzen	substituer	to substitute	sostituire	substituir
talla (la)	Zeite	taille	size	taglia	tamanho
tarde (la)	Nachmittag	après-midi	afternoon	pomeriggio	à tarde
tarjeta (la)	Karte	carte	card	scheda, carta	cartão
tarta (la)	Kuche	tarte	cake	crostata	torta
taxi	Taxi	taxi	taxi, cab	tassi	táxi
teatro (el)	Theater	théâtre	theatre	teatro	teatro
teclado (el)	Tastatur	clavier	keyboard	tastiera	teclado
tecnología (la)	Technologie	technologie	technology	tecnologia	tecnologia
tejido (el)	Stoff	tissu	fabric	tessuto	tricô
teléfono (el)	Telephon	téléphone	telephone	telefono	telefone
televisión (la)	Fernseher	téléviseur	tv	televisore	televisor
televisor (el)	Fernseher	télévision	television	televisore	aparelho de televisão; televisor
tema (el)	Thema	argument	theme, topic	argomento	assunto
tenedor (el)	Gabel	fourchette	fork	forchetta	garfo
tener	haben	avoir	to have	avere	ter
tenis (el)	Tennis	tennis	tennis	tennis	tênis
tenista (el, la)	Tennisspieler	joueur de tennis	tennis player	tensita	tenista
terminar	beenden	terminer	to end, to finish	finire	terminar
termómetro (el)	Thermometer	thermomètre	thermometer	termometro	termômetro
terraza (la)	Terrasse	terrasse	terrace	terrazzo	varanda
ticket (el)	Schein	billet	ticket	ticket, biglietto	ticket
tiempo (el)	Zeit, Wetter	temps	time, weather	tempo	tempo
tienda (la)	Geschäft	boutique	shop	negozio	loja
tijeras (las)	Schere	ciseaux	scissors	forbici	tesoura
tinta (la)	Tinte	encre	ink	inchiostro	tinta
tío, a (el, la)	Onkel/Tante	oncle/tante	uncle/aunt	zio/a	tio
tocar	Spielen	jouer (un instrument de musique)	to play	suonare	tocar
tomar	nehmen	prendre	to take	prendere	tomar, apanhar
tomate (el)	Tomate	tomate	tomato	pomodoro	tomate
tonelada (la)	Tonne	tonne	ton	tonnellata	tonelada
tonto, a	dumm	bête	stupid, silly	stupido, tonto	tolo
torneo (el)	Turnier	tournoi	tournament	torneo, gara	torneio
torre (la)	Turm	tour	tower	torre	torre
tortilla (la)	Omelett	omelette	omelet	frittata	tortilha
tos (la)	Husten	toux	cough	tosse	tosse
tostada (la)	Toast	tartine	toast	fetta biscottata	torrada
tostador (el)	Toaster	grille-pain	toaster	tostapanne	tostadeira
trabajar	arbeiten	travailler	to work	lavorare	trabalhar
trabajador, -a	fleissig	travailleur	hardworking	lavoratore	trabalhador
traducir	übesetzen	traduire	to traslate	tradurre	traduzir
traer	bringen	apporter	to bring, to carry	portare	trazer
tráfico (el)	Verkehr	circulation	traffic	traffico	tráfego, trânsito
traje (el)	Anzug	costume	suit	completo	terno
tranquilizar	beruhigen	tranquilliser	to reassure	tranquilizzare	tranqüilizar
tranquilo, a	ruhig	calme	still, calm	tranquillo	tranqüilo
transporte (el)	Fortschaffung	transport	transport	mezzo di transporto	trasporte
tren (el)	Zug	train	train	treno	trem
triste	traurig	triste	sad	triste	triste

Español	Alemán	Francés	Inglés	Italiano	Portugués
último, a	letzter	dernier	last	ultimo	último
universidad (la)	Universität	université	university, college	universitá	universidade
usar	gebrauchen	utiliser	to use	usare	usar
utilizar	benutzen	utiliser	to use	utilizzare	utilizar
uva (la)	Traube	raisin	grape	uva	uva
vacaciones (las)	Urlaub, Ferien	vacances	holidays	vacanze	férias
vacío, a	leer	vide	empty	vuoto	vazio
vapor (el)	Dampf	vapeur	vapour	vapore	vapor
vaso (el)	Glas	verre	glass	bicchiere	copo
vehículo (el)	Fahrzeg	véhicule	vehicle	veicolo	veículo
velocidad (la)	Gesehwindigkeit	vitesse	speed	velocità	velocidade
vendedor (el)	Verkäufer	vendeur	salesclerk	commesso	vendedora
vender	verkaufen	vendre	to sell	vendere	vender
venir	kommen	venir	to come	ritornare	vir
ventaja (la)	Vorteil	avantage	adventage	vantaggio	ventagem
ventana (la)	Fenster	fenêtre	window	finestra	janela
ver	sehen	voir	to see	vedere	ver
verano (el)	Sommer	eté	summer	estate	verão
verdad	Wahrheit	vérité	truth	verità	verdade
verde	grün	vert/e	green	verde	verde
verdura (la)	Gemüsse	légumes	vegetables	verdura	verdura
vestido (el)	Kleid	robe	dress	vestito	vestido
vestir	sich anziehen	s'habiller	to get dressed	vestirsi	vestir-se
viajar	reisen	voyager	to travel	viaggiare	viajar
viaje (el)	Reise	voyage	jouney	viaggio	viagem
vida (la)	Leben	vie	life	vita	vida
viejo, a	alt	vieux	old	vecchio	velho
viento (el)	Wind	vent	wind	vento	vento
viernes (el)	Freitag	vendredi	friday	venerdì	sexta-feira
vinagre (el)	Essig	vinaigre	vinegra	aceto	viangre
vino (el)	Wein	vin	wine	vino	vinho
visitar	besuchen	visiter	to visit	visitare	visitar
vivir	leben	vivre	to live	vivere	viver
volante (el)	Handrad	volant	handwheel	volante	volante
volar	fliegen	voler	to fly	volare	voar
volver	zurückkommen	revenir, retourner	to return	ritornare	voltar
vuelo (el)	Flug	vol	flight	volo	voô
zapatería (la)	Schuhmacherwerk	magasin	shoemarker	calzoleria	saptaria
zapato (el)	Schuhe	chaussure	shoe	scarpa	sapato
zumo (el)	Saft	jus de fruit	juice	succo	sumo

Para mejorar tu gramática

recomienda

Para mejorar tu comprensión auditiva y tu pronunciación

Edelsa

Para mejorar tu comprensión lectora

Primera edición: 2004
Primera reimpresión: 2007

Impreso en España / *Printed in Spain*

©Edelsa Grupo Didascalia, S.A., Madrid, 2004
Autores: Alfredo González Hermoso y Carlos Romero Dueñas

Dirección y coordinación editorial: Departamento de Edición de Edelsa
Diseño de cubierta: Departamento de Imagen de Edelsa
Diseño y maquetación de interior: El Ojo del Huracán, S.L.

Imprenta: Peñalara

ISBN: 978-84-7711-904-3
Depósito Legal: M-28131-2007

Fuentes, créditos y agradecimientos:

Fotografías:
Brotons: págs. 22 (i), 23, 33, 59 (1b).
Successió Miró: página 109.
Zara: página 113 (3).
Adolfo Domínguez: página 113 (1) y 114.
Carolina Herrera: página 113 (2).

Logotipos:
ONCE: pág. 8 (6).
RENFE: pág. 8 (1 y 4).
Generalitat Valenciana: página 93.
Zara: página 113.
Adolfo Domínguez: página 113.
Comunicación Carolina Herrera New York: página 113.
TVE: página 116.
EL MUNDO: página 116.
Guía del Ocio: página 116 y 122.
Cubana de Aviación: página 153 y 154.
Aerolíneas Argentinas: página 153.
Copa Airlines: página 153.
Pluna: página 153.
Iberia: página 153.

Ilustraciones:
Nacho de Marcos
Ángeles Peinador Arbiza: 136.

Notas:
- La editorial Edelsa ha solicitado los permisos de reproducción correspondientes y da las gracias a todas aquellas
  instituciones que han prestado su colaboración.
- Las imágenes y documentos no consignados más arriba pertenecen al Departamento de Imagen de Edelsa.

recomienda

Para prepararte al Certificado Inicial del Instituto Cervantes

preparación
Certificado Inicial
Español lengua extranjera
C.I.E.

prácticas de las 4 destrezas

Marta Baralo
Berta Gibert
Belén Moreno de los Ríos

edelsa
GRUPO DIDASCALIA, S.A